Élie Reclus

Œuvres

œuvres

ISBN : 978-1530504602

10 9 8 7 6 5 4 3 2 1

Élie Reclus

Œuvres

œuvres

Table de Matières

COMMENT LA CIVILISATION CIVILISE

Qu'ils sont donc aimables et charmants les premiers explorateurs que la civilisation envoie chez les sauvages des pays lointains ! Qu'ils sont intéressants et sympathiques ! Surgissant tout à coup, ils débarquent d'un grand navire qui mouille au rivage marin, ou d'un grand bateau qui remontait le fleuve, débouchent par le col de la montagne ou par quelque route qui vient du désert. La faim, la soif, les fatigues les ont exténués, mais comme ils se montrent affables, dignes et reconnaissants ! Charmant tableau de Peau Blanche, au milieu des Peaux Noires ou des Peaux Cuivrées : Peau Blanche, la main sur le cœur, les yeux au ciel, ne peut dire son bonheur. Voir ses frères, ce désir l'animait dès son enfance. Dût-il y périr, il lui avait fallu les embrasser ! Il demeurait à l'autre bout du monde, séparé par des mers profondes, des pics neigeux, des champs de glaces, des plaines de sables brûlants, mais son âme était inquiète... Enfin, il a retrouvé sa famille inconnue. N'avons-nous pas tous même papa ? et il montre le soleil. — N'avons-nous pas tous même maman ? et il montre la terre... « Mon roi m'envoie comme ambassadeur auprès de votre illustre nation dont la renommée est arrivée jusqu'à lui. Il m'a remis quelques petits objets que j'ai le plaisir de vous offrir en son nom. » Et il présente au chef une montre avec une bébette dedans qui fait marcher le temps, à la chéfesse un foulard de soie, aux garçons des eustaches, aux jolies filles des bagues et colliers en perles multicolores, puis il fait jouer une boîte à musique qu'il s'était appliquée dans le dos ou contre le ventre. Ce sont ses entrailles qui chantent un hymne de joie et de tendresse. Le soir il lancera une chandelle romaine comme messagère aux dieux de la voie lactée, et fera pleuvoir une pluie d'étoiles.

Il ne faudrait pas croire que ces manœuvres en captation de bienveillance manquent de sincérité. A tout prix il faut à l'aventurier rencontrer la sympathie. En montrer est le plus sûr moyen d'en trouver. Ces éclaireurs de la civilisation, hardis et intelligents toujours, sont parfois des héros, et même des hommes bons et honnêtes. Dans leur nombre abondèrent des religieux ardents à porter la « bonne nouvelle » aux pays lointains : François-Xavier, Egédé, Barth, Taplin, Salvado, Casalis, Petitot, Livingstone, dix autres, cent autres, protestants ou catholiques ; leurs noms sont salués avec respect par tous, et en premier par les libres-penseurs. Les pères de Norcia racontent ainsi leur première entrevue avec les indigènes de la rivière aux Cygnes :

« Nous chantions et récitions nos prières, attendant avec anxiété le moment d'être massacrés et rôtis. Mais nous ne fûmes pas trouvés dignes d'une telle grâce. La lumière du jour nous tira de cette trépidation. Nous célébrâmes le divin sacrifice et nous récitâmes le bréviaire.

À midi, nous vîmes approcher une troupe de sauvages ayant dans la main chacun six lances et même plus. Nous les regardâmes d'un visage joyeux, mais Dieu sait qu'elle était l'agitation de nos cœurs ! Nous étant agenouillés et ayant prié le Très-Haut, nous nous avançâmes les mains chargées de pain, de thé, de sucre. À notre approche, les hommes agitèrent leurs armes, les femmes et les enfants hurlèrent et prirent la fuite. Tout en mangeant pain et sucre, nous leur faisions signe de déposer les sagaies et les invitions à nos mets. Quelques-uns d'incliner leurs armes et nous d'approcher avec le sucre et le pain, ayant soin d'en offrir aux enfants qui, se serrant contre les jambes de leurs pères, pleuraient et paraissaient avoir grand peur. Au premier essai du sucre, les sauvages le rejetèrent d'un air soupçonneux, mais nous voyant en manger sans façon, ils le mirent à la bouche ; et le trouvant de leur goût, témoignèrent leur approbation par des signes de tête et invitèrent les autres. Bientôt nos présents furent consommés et l'on s'en disputait les fragments. Par la grâce de Dieu et de sa sainte Mère, après une rencontre aussi périlleuse, la victoire était à nous. Lorsque nous nous retirâmes dans notre cabane, quelques sauvages nous accompagnèrent. Nous leur montrâmes nos instruments d'agriculture qui leur causèrent grand étonnement. Ce soir-là nous rendîmes de particulières actions de grâce à la miséricorde divine et aux Saints nos protecteurs. Ensuite nous nous endormîmes paisiblement. Le lendemain matin, des sauvages s'approchèrent, curieux de nous voir travailler. Saisissant l'occasion, nous les invitâmes à nous aider dans la construction d'une cabane. Ils s'y prêtèrent volontiers, et en vérité, nous aurions perdu beaucoup de temps s'ils ne nous eussent indiqué les meilleurs matériaux et où les trouver. Avec leur aide, la cabane se trouva parfaitement couverte le surlendemain. Ainsi prémunis contre les intempéries, nous commençâmes nos courses dans les bois. Avec les sauvages, nous mangions, nous dormions, nous marchions. Plus d'une fois nous portâmes à califourchon sur nos épaules les enfants, lesquels s'affectionnèrent tellement, qu'ils préféraient notre compagnie à celle de leurs parents, qui ne nous jalousaient point. Les racines, les lézards, les vermisseaux et semblables aliments qu'ils allaient quérir dans les bois, ils les partageaient fraternellement avec nous, après que furent épuisées nos provisions de riz et de farine. »

Quand ils arrivaient seuls ou avec une faible escorte, ces messagers de la civilisation gagnaient les cœurs par le charme des discours, par des manières accortes, des yeux riant la douceur et la bonté. Mais quelle terreur inspirait l'arrivée soudaine d'un navire du soleil descendu, d'un prodigieux navire aux énormes voiles blanches, dont le ventre s'ouvrait, livrant passage à une troupe armée, à des sabres luisants, à des chevaux, êtres extraordinaires ! Partout la même histoire. Ces étrangers descendus du ciel, investis d'une puissance terrible, furent pris pour des ancêtres, des divinités de la foudre et de la lumière, adorés et obéis. Que ne furent-ils bons et raisonnables !

Une poignée de cavaliers armés de canons et de tromblons conquirent l'Amérique, précédés qu'ils étaient de l'effrayante nouvelle : « Du pays solaire les dieux arrivent lançant la foudre par la bouche, et montant les coursiers du tonnerre » !,

Les Mexicains baisaient la proue du navire qui amenait les Espagnols ; les croyant des Immortels à la suite de Quetzalcoatl, ils leur amenaient de belles Indiennes afin de gagner leurs bonnes grâces. Montezuma vint se prosterner devant les mystérieux étrangers, les teignit de sang, leur sacrifia des victimes, offrit à Cortez un costume complet de dieu. À ce dieu, ils donnèrent le nom d'Astre-Roi, à ses compagnons celui d'Enfants du Soleil. Les domestiques furent titrés de prêtres et grands prêtres.

Mais pourquoi ces êtres divins avaient-ils dévalé des nuages ? On ne soupçonnait leur soif de l'or, mais on avait une peur bleue qu'ils décrétassent la fin du siècle. Au lieu de se mettre en ordre de combat, au lieu de frapper d'estoc et de taille, de tuer, de butiner, pourquoi les Espagnols ne se rendaient-ils pas droit aux temples, s'asseyant sur les trônes pour commander aux peuples agenouillés ? Les Floridiens croyaient que les Célestes tuaient par l'éclair des yeux ; des natifs tombèrent raides morts en leur présence ; des femmes plus hardies apportaient des nouveau-nés, imploraient bénédiction. Dans leurs annales pictographiques, les Virginiens marquèrent l'arrivée des Européens par un cygne, qui par le bec jetait feu et fumée. On aspergeait Alarcon de maïs : Tu es notre seigneur, fils du Soleil, et à notre seigneur rien ne doit rester caché. Et chacun de se confesser. Les Zapotèques les tenaient pour des hommes de fer conçus par le Soleil dans le sein de la Mer. Au Yucatan, les étrangers passèrent pour des *Hayota* ou « hommes du ciel ». De même leurs descendants sont encore appelés *Viracocha* par les Péruviens. Au Guatémala ils étaient salués avec des encensoirs. Les Xaquesses colombiennes s'agenouillaient, les arrosaient avec des palmes, tandis que les prêtres étendaient de riches étoffes, égorgeaient un enfant aux chairs délicates. À Guachete, on jetait un nourrisson du haut d'un rocher en guise de bienvenue. Lorsque Nicolas Pierrot arriva chez les Poutéouatamis, les vieillards allumèrent un calumet solennel et l'enveloppèrent de tabac : « O forgeur de fer, esprit puissant, loué soit le Soleil qui t'a conduit à notre peuple ! » Et ils l'adoraient, abattaient les branches d'arbres devant lui, aplanissaient son chemin.

En Afrique, les Malgaches reçurent le premier Français en se couchant à ses pieds, implorant qu'il leur marchât sur le corps. Les Azanaghis du Sénégal, comme les Caribes, prirent, pour de grands oiseaux à ailes blanches, les vaisseaux qui leur arrivèrent ; au repos et voiles carguées, ces vaisseaux se transformèrent en poissons ; puis, quand on les vit lever l'ancre, prendre le vent, disparaître dans le lointain, revenir par la suite, on ne douta plus qu'ils ne fussent d'énormes esprits vagabonds. Dans notre siècle encore, Wissmann, Brun-Rollet et du Chaillu passèrent pour des êtres célestes. Thibaut se vit rendre les honneurs divins à Badalik, île du haut Niger : « Les pauvres gens ne voulaient pas s'en aller, il nous fallut accepter du bétail que nous abattîmes, tandis qu'ils dansaient et chantaient comme à leurs sacrifices. Un de nos drogmans leur distribuait des chiffons. Ceux qui n'obtenaient rien, baisaient au moins le sol qu'avaient foulé nos pas... Ils se disputaient les calebasses de lait dont nous n'avions pas voulu, ils en buvaient ou s'en aspergeaient le corps et la tête, puis engageaient des danses lascives menées par les femmes.

« ... Les Européens cousinent avec le dieu Hanza, ils n'ont qu'à tracer des signes pour que leurs magasins s'emplissent spontanément d'étoffes et de marchandises. En hissant un drapeau, ils font surgir un vapeur que d'innombrables génies poussent en nageant sous la coque. » Moffat et Thompson voulurent voir un rite dont le spectacle était interdit aux hommes : « Qu'ils entrent, puisqu'ils viennent du Ciel ! » s'écrièrent les Béchuanesses. Non contents d'attribuer la pluie et le beau temps aux missionnaires, les Nicobarais leur demandaient comment ils avaient fait pour créer le monde ?

En Océanie, La Pérouse apparut aux insulaires comme un démon sorti des flots. Même imagination à Nouka-Hiva. Avec la fumée de tabac qui s'échappait de leurs lèvres, les matelots passèrent, dans l'archipel Tokelau, pour des mangeurs de feu. Même idée à Mindanao. Les Fidjiens ne pouvaient croire qu'il se trouvât un « pays naturel » produisant des haches assez dures pour couper ces tubes de fusil qu'ils prenaient pour des roseaux. Les Samoa furent stupéfaits de voir leur apparaître les « Fendeurs du Firmament ». Les Maoris attribuaient quatre yeux, deux devant, deux derrière la tête, aux matelots qu'ils avaient vus ramant le dos tourné à l'avant du bateau.

À Fahé, aux Nouvelles-Hébrides, à Aneytium, les visiteurs furent réputés venir du soleil. Quand le bâtiment s'évanouissait à l'horizon, les Hawaïens disaient qu'il remontait dans les airs. Les Maoris le prenaient pour une baleine ailée et les Wallisiens pour un jardin complanté, les mâts pour des cocotiers. Pour les Kroumanes, le navire était une chose divine, increée. Une chaloupe abandonnée fut par eux mise en un temple.

Cook et Bougainville renouvelèrent le Triomphe de Bacchus dans les Indes. On se prosternait devant le navigateur anglais, on le congratulait en liturgies ainsi que les matelots, mais il n'en chaillait guère aux braves mathurins, tout entiers aux frisques et jolies femmes qui baisaient leurs genoux. Tenu pour le dieu Lono, leur capitaine eut pour sa part la plus belle fille de la reine. Les cheveux blonds et rouges dénotèrent des êtres surnaturels ; les os de bœuf qu'ils rongeaient passèrent pour des tibias de géants immolés, et les tranches de melon pour de sanglantes côtes humaines. Neptune et sa famille furent conduits au sanctuaire national et présentés cérémonieusement aux idoles, tandis que le peuple dansait et chantait. Immolant un porc aux pieds de Cook, le pontife se mettait en devoir de lui en fourrer un large morceau entre les mâchoires... Mais le noble étranger se rebiffa. Sans doute la chair était trop dure ? Et le sacerdot de la mâcher respectueusement, avant de la réoffrir. On servit à l'équipage un festin de Gargantua. Malheureusement les marins buvaient le kawa en immortels, mais ne le portaient qu'en mortels. Vint le désenchantement ; Cook lui-même se montra plus d'une fois colère et brutal envers ses adorateurs, bientôt envahis par une maladie hideuse, inconnue jusqu'alors, et qui récompensait mal leur ferveur.

Les Français firent aussi tout ce qu'il fallait pour que les Malgaches ne se méprissent pas longtemps sur leur compte. Tous ces dieux gaspillèrent à plaisir leur divinité, se montrant moins hommes qu'animaux. Le seul à notre connaissance qui ne désabusa pas trop vite les sauvages fut Cabeça de Vaca, dans son odyssée de la Floride au Mexique. Ayant fait des guérisons considérées comme miraculeuses, il passait pour être descendu du ciel et avoir reçu du soleil le pouvoir de lire dans les cœurs, de donner la vie ou la mort. Les sauvages mettaient à ses pieds ce qu'ils possédaient de mieux, et les belligérants se réconciliaient pour lui offrir leurs hommages.

Nos Australiens ne manquèrent pas non plus de prendre les Européens premier-débarqués pour des *Ngamajit* au teint d'aurore, des ancêtres qui arrivaient du Pays des Ombres, montés sur un formidable volatile dont les ailes étaient maîtresses des plaines liquides et des espaces célestes. Hippogriffes, que le gouvernail et les amarres. Les canots, autant de petits collés au flanc du monstre. Le premier qui vit l'apparition courut vingt kilomètres d'un trait pour annoncer le prodige. Tout ce qui entourait ces êtres merveilleux semblait effrayant et magique. La lanterne allumée au haut de la tente passait pour un fusil qui fouillait l'obscurité, un pistolet pour l'enfant du fusil.

Tout comme les populations du Pont-Euxin qui fêtaient les Argonautes par des « théoxénies », nos Australiens estomiraient les

Européens, s'évertuaient à leur trouver des ressemblances avec tel parent ou tel ami passé dans l'autre monde. Des matelots échoués furent en pompe conduits au cimetière pour qu'ils indiquassent la place qu'ils avaient occupée jadis. Apprenant cette histoire, un déserteur de Moreton-Bay se présenta délibérément comme un ancêtre mort depuis si longtemps qu'il avait oublié jusqu'à son nom. Buckley arrivant avec une canne ramassée sur une tombe du chemin, les noirs reconnurent le bâton et n'en voulaient démordre : le voyageur était un ami défunt. Apercevant certaine cicatrice sur la jambe d'un colon, les naturels criaient de joie et le camp se mit en fête. Grey eut peine à se soustraire aux caresses d'une vieille : « Mon fils bien-aimé ! te revoilà ! » — « Toi, ô mon frère, mort depuis si longtemps ! » fit un vieillard en saluant Castella. — Telle brave fermière anglaise passait auprès des Yarra-Yarras pour une de leurs anciennes matrones ; la tribu lui communiquait ses grands secrets, ne faisait rien sans la consulter. Bon gré, mal gré, une dame naufragée dut accepter le rôle d'une déesse réapparaissant du fond des mers pour la félicité de son peuple fidèle. Les vaillants lui réclamaient les faveurs que Vénus accordait à Anchise. Ailleurs une veuve courut se jeter au cou d'un blanc ; Eurydice débordant d'enthousiasme, elle ne doutait point que l'amour n'eût fait ressusciter son Orphée. Oldfield argumentait en vain contre de vieilles barbes qui de lui prétendaient avoir gardé un souvenir distinct : « Si tu n'avais été un noir, d'où sortirais-tu ? » Bland protestait : « Quelle absurdité ! Jamais, je vous l'affirme, je n'avais été ici par avant ! » Et un gamin de lui répondre : « Jamais tu n'étais venu ? Allons donc ! Et tu aurais trouvé le chemin ? » Petitot reçut une réponse analogue des Loucheux dont il avait corrigé une indication erronée, grâce à sa carte. « Comment, firent-ils, peux-tu connaître un pays que tu déclares n'avoir jamais vu ? L'as tu visité en passant sous terre ? »

« Tombe nègre, ressaute blanc », disent les Non-Non australiens dans leur langage pittoresque pour désigner la résurrection. Un pauvre diable qu'un jury de Melbourne trouva bon de pendre, prit la chose gaiement et s'écriait sous la potence : « Très bien, moi sursauter, blanc avec cigares ! » Car les nègres croient ressusciter chez les Blancs, en un pays de cocagne. Habitués à garder la peau de leurs défunts, ils avaient remarqué la blancheur des muscles dépouillés du derme. De là les dénominations d'« écorchés », de

« revenants » et de « morts » qu'ils donnaient aux colons. Ils se barbouillent de craie en signe de deuil. Rappelons à ce propos que par toute l'Europe les châteaux historiques sont hantés de Dames blanches, messagères de trépas. Les Bangallas du Congo passeront blancs dans l'autre monde. Les démons Nâts sont blancs chez les Karènes ; aux nègres le diable se montre en semblance de pierrot.

Après sa découverte, en 1605, par Willem Jansz, qui toucha la côte ouest du golfe de Carpentaria, l'Australie ne fut visitée qu'à de rares intervalles. De l'immense contrée, terre inconnue qu'on disait habitée par d'affreux cannibales, sous forme à peu près humaine, le gouvernement anglais fit un pénitencier pour loger ses criminels, trop nombreux pour être pendus.

En 1787, débarqua le premier convoi de déportés et déportées, sous les ordres d'un capitaine Philipp, choisi en raison de sa brutalité. Pendant un demi-siècle environ, la Grande-Bretagne gratifia ce continent de 100,000 galériens, toute une armée, dont 25,000 à Van Diémen, et 75,000 à Sydney et, à Botany-Bay. En 1835, la Nouvelle-Galles du Sud contenait 28,000 déportés auxquels on administra dans l'année 22,000 punitions disciplinaires, dont 3,000 à la « garcette » et 100 exécutions. De temps à autre quelque malheureux trouvait à s'échapper, fuyait vers un campement nègre, et pour ne pas être mangé, mettait son talent à se faire bien venir ; n'ayant pas le sel ou le sucre des missionnaires, il se présentait en mâchonnant de la galette, et faisant le geste d'en offrir, criait : « Pain bon ! Pain bon ! » si fort et avec tant d'insistance que les indigènes prirent cette éjaculation pour le cri distinctif des Blancs, de même qu'entendant toujours appeler « Mary, Mary » ils désignèrent les Européennes par le nom de Mary Blanche. D'autres convicts s'ensauvèrent avec une bouteille de rhum. Rhum et pain, pain et rhum assuraient bon accueil. Le Non-Non ne repousserait personne qui se mettrait sous sa protection ; d'ailleurs, il a la curiosité passionnée de son cousin le Casoar. On ne tardait pas à constater l'étonnante ressemblance de l'arrivant avec quelque ami d'outre- tombe, on l'accueillait joyeusement. Dès qu'il charabiait la langue, le nouvel arrivé devenait un personnage, surtout si du bagne il rapportait quelque talent de société. L'ancien meurtrier passait capitaine et chef de guerre, le bigame se faisait adjuger plusieurs épouses, se montrait plus sauvage que les sauvages.

Ainsi, les Primitifs rêvaient justice, bonheur et abondance. Un cygne leur arrivait en messager, un cygne immense nageant parmi les nuées, volant d'horizon en horizon, descendant du ciel et battant de grandes ailes blanches. Des génies arrivaient, hérauts de la parole nouvelle. Montés sur des coursiers-ouragans, ils tenaient en main, qui la foudre, qui l'eau de feu, puisée à la fontaine de Jouvence, pensait-on. Or, ces Messies étaient ce que la Grande-Bretagne avait de mieux en voleurs, banqueroutiers, escarpes, empoisonneurs, chourineurs et autres malandrins, l'exécrable rebut des Trois-Royaumes. Tel fut le premier contact de la civilisation avec les enfants de la nature.

Vers 1849-1852 la réaction triomphait sur toute la ligne. La France, l'Allemagne, l'Italie, la Hongrie, la Russie emprisonnaient, fusillaient, déportaient les fauteurs de révolutions. Les plus énergiques parmi les meilleurs et les pires parmi les mauvais sentirent le besoin de s'expatrier, d'aller loin, bien loin. Alors se répandit la nouvelle que des mines d'une extraordinaire richesse avaient été ouvertes en Californie, puis on apprit que l'Australie regorgeait de quartz aurifère, de placers, de nuggets et de pépites. Ce fut la Ruée de l'Or. De tous les ports chrétiens s'élancèrent des navires vers le nouvel Eldorado. Semblablement, quand la régénération religieuse et sociale qu'avait espérée le XVIᵉ siècle, avorta en luthérianisme et calvinisme, finalement en jésuitisme, une foule hardie s'enrôla dans l'armée de Mammon, forma la phalange des Conquistadores qui se continuèrent en « Frères de la Côte », en boucaniers et flibustiers, puis en traitants et négriers, gens qui, partant avec la sacoche vide, entendaient revenir avec la sacoche pleine, Dieu aidant ou le Diable. D'abord il ne s'agissait que de laver les sables et alluvions, besogne relativement facile. Mais quand, pour suivre le métal dans les profondeurs et l'arracher aux mines et roches dures, il fallut recourir aux machines mues par de puissants capitaux, les coureurs de fortune se jetèrent sur l'élève du grand et du petit bétail, afin de transformer l'herbe en viande et la viande en lingots. La seconde industrie se montrant au moins aussi lucrative que la première, nombre d'aventuriers se mirent à produire de la laine et du cuir aux alentours des grands ports, puis on remonta les fleuves, on poussa dans l'intérieur. Pour bergers les éleveurs prenaient des forçats que le gouvernement livrait gratis, très satisfait d'économiser leur nourriture. L'absence de bêtes féroces facilitait l'entreprise. On lâchait les troupeaux dans les pacages de cent, deux cents, trois cents kilomètres carrés, qu'avec le temps on subdivisait en clos et ranches. Les pasteurs racolés au pénitencier tenaient à distance les dingos et les indigènes.

— À propos... comment les colons avaient-ils obtenu ces mines, pacages et prairies ?

— Par la grâce de Dieu. Au début, on y mettait quelques façons. Ainsi, en 1835, John Batman, débarquant à Port-Philipp, s'était fait céder par les naturels une étendue de 2,400 kilomètres carrés, en échange de plusieurs couvertures et divers menus objets. John Batman fut un monsieur très honnête si on le compare aux voisins qui s'installèrent à côté, s'adjugeant vallées et collines. Il ne leur en coûtait guère. Ils montaient à cheval avec de bons compagnons, racolaient au dépôt de joyeux forçats, galopaient aux sauvages, envoyaient quelques prunes dans le tas. Même il leur suffisait de s'annoncer par quelques coups de fusil, de regarder d'une certaine façon et la négraille se garait ; si elle était sage, ils arrivaient, regardaient à droite, à gauche : « Voyez ce terrain fertile qu'arrose un ruisseau, vous installerez votre chalet sur la tuque boisée. Incendiez le broussis, débitez les gros arbres en planches pour baraques et hangars. Lâchez sur la terre du Bon Dieu le taureau et les génisses, le bélier et les brebis. Croissez et multipliez ! »

La colonisation se fit sur le principe que la terre australienne étant *res nullius* — dite en latin l'assertion a grand air et semble indiscutable — ou « la chose de personne », relevait du gouvernement qui, moyennant achat ou redevance, l'attribuait au premier occupant, pourvu que le premier occupant ne fût pas un nègre. La couronne récompensait la bonne conduite des forçats en leur distribuant des bons portant donation de deux à trois hectares. Un convict cabaretier troquait ces bons contre de petits verres et mourut propriétaire à Sydney de quartiers entiers, valant alors une trentaine de millions. Au nom de Victoria, reine de la Grande-Bretagne, l'administration parcelait, concédait le sol à telles et telles conditions, vendait ce qui ne lui avait rien coûté. L'immigrant avançait, l'aumaille augmentait, les noirs disparaissaient. Sur un si vaste territoire l'aborigène ne regardait pas aux kilomètres carrés ; il accueillait le nouvel arrivant avec bienveillance, ne se lassait pas de regarder cet homme venu de par-delà les nuages avec la foudre dans un roseau, mirait ces énormes quadrupèdes cornus, ces grandes vaches dont on emportait de pleins sceaux de lait ; il jubilait de voir les fringants étalons, les poulains bondissant autour des juments. Tel un ramier, couvant sa nichée dans un eucalypte à cent pieds au-dessus du sol, suit avec intérêt le manège des bûcherons qui attaquent l'arbre immense à coups de hache, tel le nègre naïf insouciant s'amusait à voir l'Européen construire des blocages, enclore des prairies. Les pauvres hères ne pouvaient se désabuser de leur respect pour l'Européen, être supérieur, d'Outre-Bleu descendu ; ne pouvaient se guérir de l'idée que le fusil était un être vivant. On en vit qui s'élançaient vers les carabines qu'on déchargeait sur eux, ils passaient la main sur le canon afin d'arrêter la fumée et d'apaiser sa colère. Ils badaient le blanc tant qu'il ne lançait pas sur eux ses chiens danois. Hospitaliers quand même, ils ne demandaient qu'à partager avec l'étranger leur abondance ou leur misère. Quand il explorait la contrée, on lui tendait les meilleurs morceaux de venaison, le poisson gras, le fruit juteux, et la nuit, il trouvait humble et soumise, préparant sa couche, la plus jolie fille de la tribu : Accepte, seigneur d'outre-mer, accepte ! Mais le sire était de trop haute condition pour se sentir obligé envers ces espèces.

La conquête pacifique se consolide. De temps à autre le colon va courre le kangourou, histoire de régaler ses chiens. Les bergers font rude guerre au forestier rouge, tant pour le sport que pour avoir des souliers souples et ne prenant pas l'eau, des jaquettes chaudes, des manteaux moelleux et se tailler des pantoufles confortables dans la queue, qui donne en outre un excellent potage. De grands lévriers, dressés exprès, en étranglent quantité, mais il reste trop de cette « vermine » qui, broutant à côté du bétail civilisé, diminue sa ration d'herbe. Bientôt, les législateurs passent des actes en faveur du mouton qu'il faut protéger contre le dingo carnassier, protéger surtout contre son rival, l'herbivore kangourou. Des entrepreneurs, commandités par un syndicat, battent les plaines avec meutes, équipages et tireurs émérites. Pour 100 cartouches, le célèbre Donovan rapporte 98 paires d'oreilles. Un éleveur racontait à Lumholtz avoir détruit en 18 mois seulement 6,000 marsupiaux : ouallabis, kangourous-rats, grands forestiers.

Élie Reclus

Cependant Mitchell, le héros des premières explorations, remontra que tuer le kangourou, c'était tuer l'indigène, comme déjà il était advenu en Tasmanie. « Le kangourou, disait-il, est plus nécessaire au nègre que le mouton à l'Européen. » Nul ne l'ignorait et personne ne s'avisa de le contredire. Mais on savait aussi qu'un forestier mange autant d'herbe que six moutons. On organisait des battues monstres auxquelles on conviait les dames, et le soir, après Champagne, on galopait triomphalement le long des bêtes couchées sur le flanc. En 1887, on évaluait encore leur nombre à 1,900,000 ; à 700,000 en 1888. Et si, mourant de faim, irrité par le spectacle des bêtes grasses, l'indigène faisait irruption dans l'enclos et s'adjugeait quelque pièce, cela s'appelait a brigandage » ; acte sévèrement qualifié, sévèrement puni par la loi des blancs, imperturbable dans les distinctions : « Le kangourou, en tant que gibier, est propriété commune, le mouton, en tant que bétail, est propriété privée. » — Commencez par une bonne définition, précisez les termes, établissez que l'argent, le capital du riche, porte intérêt, et que le travail, capital du pauvre, n'en porte pas, le reste ira de soi. La législation obligeait l'indigène à des méfaits qu'elle punissait durement. Quelques articles du code, simples et clairement libellés, constituaient aux bouscassiers bipèdes et forestiers quadrupèdes même état civil et judiciaire. Shakespeare pensait-il à la spoliation du sauvage par le civilisé quand il fait parler « Caliban aux cheveux hérissés » :

« Lorsque tu abordas, tu me caressais, me faisais mamours, tu me donnais des mures trempées dans l'eau. Je t'aimais alors, je te montrais les beaux endroits, les sources fraîches et les puits salés, les lieux arides et les régions fertiles. Cette île m'appartient et tu me l'as volée ! »

— « Être de basse et perverse origine ! Repaire immonde de tous les vices ! » répond Prospéro pour toute justification.

Le colon qui veut transformer une forêt en moutonnerie, n'a pas la simplicité de s'attaquer hache en main aux eucalyptes géants ; il enlève à hauteur commode un cercle d'écorce sur les troncs. L'opération, dite du ceinturage, tranche la communication entre les vaisseaux de sève montante et les vaisseaux souterrains ; l'arbre dépérit et meurt. Les grands squelettes blanchis tendent vers le ciel de longs bras décharnés ; le vent entrechoque les ramures avec un bruit sec d'ossements. Il suffit alors d'une allumette dans un amas de ramée et de feuilles sèches, pour réduire en cendres l'œuvre qui coûta plusieurs siècles à la Nature. Aux pigeons, aux tisserins de prendre vol, à tous sylvestres de trouver à vivre par ailleurs.

L'indigène, cependant, ne pouvait s'adjuger la vache qui avait franchi la palissade, saisir les moutons égarés sur son territoire. Tout bonasse qu'il fut, Caliban voyait rouge par moments et sa colère chauffait. Exproprié de ses chasses, il se rejetait sur d'autres cantons, mais les bons cousins le recevaient à coups de nolla-nolla :

« Ça, c'est à nous, c'est pas à toi. Rattrape-toi plutôt sur les innombrables moutons de l'étranger. Venge-toi si tu peux ! » C'est ainsi qu'aux « actes de brigandage », aux « bris de clôture en plein jour » et aux « forfaits contre la propriété » il ajouta des crimes contre la sacro-sainte personne des Blancs. On l'attendait là. Il commit des meurtres, des assassinats qui criaient vengeance dans les colonnes des journaux. C'était un quidam qu'on avait sagaié par derrière. C'était un innocent enfant que les monstres avaient assommé d'un coup de casse-tête. C'était un berger qu'abattait un jet de boumerang, quand tranquille comme Baptiste, il conduisait son troupeau à la fontaine. À ce propos, l'on sait combien l'eau est précieuse en certains districts, et l'accaparement par les colons des sources et ruisseaux n'était pas moins ressenti que la destruction du kangourou. Si bien que, tourmentés par la famine dans le terrible été de 1876-77, les Birrias et les Koungariditches dont les blancs avaient accaparé le meilleur du territoire en arrivèrent à manger leurs enfants. Se figurant les blancs solidarisés en castes ou tribus, ces imbéciles se vengeaient d'un Européen sur le premier Européen venu. Déraison intolérable, crime abominable des noirs, qu'on punissait par des massacres.

« Les sauvages ont perpétré de nouveaux attentats, leurs actes inhumains ont encore soulevé l'indignation des hommes de cœur... Il serait grand temps qu'une répression sérieuse mît un terme à ces crimes dignes des démons... »

Amener ces malfaiteurs devant un tribunal, les livrer à la basoche, on s'y essaya, mais la bouffonnerie ne prit pas. Les brutes ne s'y prêtaient d'aucune façon ; il fut impossible de leur faire rien comprendre à notre institution justiciaire, dans laquelle « la forme emporte le fond », pour parler comme le grand jurisconsulte Philippe Dupin. Technique, toujours technique, et rien que technique, elle n'a que faire de la conscience, met l'équité sous ses pieds. Après quelques procédures grotesques, il n'y eut qu'à mettre les indigènes hors la loi, les déclarant incapables « d'ester en justice et de posséder arme à feu ». Assimilés au dingo pillard, ils jouissaient à peu près des mêmes droits politiques et civils. Un grand juge de Tasmanie — en ces affaires la Tasmanie donnait le ton et prêchait d'exemple — avait décidé :

« Que le natif, même l'ancien habitant, avait à vider les parages d'une concession faite par la Couronne. Que tout colon pouvait considérer comme preuve suffisante d'un brigandage commis ou à commettre, la présence d'un nègre sur sa propriété, et qu'il avait tous droits de se prémunir contre une attaque présumée. »

Habitués à ne voir que des hommes à cheval, les bestiaux des parages s'inquiètent quand ils flairent le nègre, s'épouvantent à son approche. L'indigène ne peut donc se montrer sans porter tort à la propriété du blanc. Recevoir à coups de fusil cet intrus, malfaiteur possible ou probable, n'excédait pas les droits de légitime défense. Devant le tribunal de Sydney l'avocat Wardel établit de par Baronius, Puffendorf et Barbeyrac que : « les naturels sont proscrits par la loi naturelle. Les tuer n'est pas crime. Ces anthropophages il faut les exterminer par raison d'utilité publique. Ils mangent des chiens putréfiés et boivent, — boivent ? non, ils lappent — l'eau des fossés infects, déshonorent l'humanité par des manières bestiales ». Sur ce thème on brodait à plaisir ; rien ne semblait trop bizarre, trop étrange ou monstrueux. On hait ceux qu'on connaît mal ; on abomine ceux qu'on ne veut pas connaître. « Ces chimpanzés, descendez-les sans regret ! » imprimait un journal de Port-Jackson.

Tu peux tuer cet homme avec tranquillité !

Les gazettes de Sydney expliquaient : « Fauves ou aborigènes, c'est tout un. Vous les dites inoffensifs ? Qu'on les laisse dépérir par la diminution de leurs moyens de subsistance. Vous les dites féroces ! Qu'on les supprime ! »

La cause était entendue. L'opinion publique avait prononcé. Des expéditions furent organisées par les colons qui empruntaient à l'administration une ou deux compagnies de réguliers. On surprenait un campement ; en un tour de main, on abattait hommes, femmes, enfants. Avec leur peur des esprits, ces pauvres gens n'osaient bouger dans l'obscurité ; l'on en profitait pour les massacrer plus à l'aise. Puis les journaux tels que le *Colonial Times* racontaient avec satisfaction :

« Il y a huit jours, les habitants de la seconde division occidentale ont expédié quantité de noirs. Tandis qu'ils étaient groupés autour de leurs feux, les colons et nos soldats les canardèrent à dix pas. »

On avait d'abord employé les galériens comme rabatteurs. Du Petit Thouars raconte que des convicts furent acquittés après avoir brûlé vifs des indigènes. Dans les cabarets à Bowen, Townsville et Cooktown, on se vantait des sauvages qu'on avait tirés comme lièvres. Le dimanche, les jeunes sportsmen couraient le nègre. De dix lieues à la ronde, les messieurs arrivaient, accompagnés de chiens et de forçats, fouillaient les buissons. Quelquefois on revenait bredouille, le plus souvent on abattait un homme ou deux, on cassait la tête à une lubra, on écrasait ses gosses. Entre-temps des amateurs dressaient leurs mâtins à manger de ce gibier, gratifiaient l'indigène de pain à l'arsenic, de brandy additionné de mort aux rats ou de couvertures contaminées par des maladies contagieuses. Pour se débarrasser des riverains du Hunter, on eut recours au sublimé corrosif, et près de Bathurst à des barils de farine empoisonnée. Un squatter recourait à la strychnine. Des colons, apprenant que le naturaliste Lumholtz collectionnait dans leurs parages, lui offrirent de tuer des sauvages pour le fournir de crânes.

Après quelque temps, la négraille ne se laissait plus surprendre, se mussait dans les bois ; mais on flairait sa présence et cela gênait. Un maître policier qui s'était bien trouvé d'avoir pris les noirs pour guides dans une chasse à l'homme, imagina de créer un corps de Bachi-Bouzouk, commissionné pour la « répression des délits agraires » ou plus exactement, pour l'extermination des délinquants. En quelles conquêtes l'étranger n'a-t-il pas profité d'une guerre civile ou de haines entre frères et concitoyens ? Les envahisseurs qui savent leur métier, fonctionnent, ont fonctionné, fonctionneront, en guise de pointe au javelot qu'un natif darde contre un autre natif. À la terrible bataille d'Aix en Provence, les Ambrons cisalpins et transalpins s'entrechoquèrent au cri d'Amhra, Amhra !

Élie Reclus

Et César continua la politique de Marius. Ce serait presque refaire l'histoire du monde que de raconter les inimitiés et trahisons de frères à frères. Tant parmi les sauvages que parmi les civilisés, il n'y a haine que de famille, fureur que de concitoyens. Après que les Visages Pâles eurent lancé les Hurons contre les Iroquois, les Comanches contre les Apaches, les blancs d'Australie jettèrent les noirs de l'est sur les noirs de l'ouest et les nègres du nord contre ceux du midi. Ces imbéciles croient aimer leur patrie en détestant leurs voisins, croient participer à la gloire, à la richesse et à la supériorité des blancs en s'enrôlant sous leurs ordres. Un officier reçoit par chemin de fer un lot de *Blackies* robustes et bien découplés, enrôlés après une bouteille de rhum et la promesse de grogs ou *gorrogos* abondants. Il leur endosse un uniforme en flanelle légère avec lettres et chiffres dorés, les dresse à quelques manœuvres, leur met entre les mains une jolie carabine à longue portée, un charmant petit cheval entre les jambes. Puis il inspecte : biscuits, allumettes, poudre, cartouchière, patente, *all right*, en route les garçons ! La dite patente les institue gardiens de la Loi, les constitue en état perpétuel de légitime défense, les innocente de tout meurtre commis ou à commettre dans l'exercice de leurs fonctions. Allez

Garantir la propriété,
Défendre les champs et la ville
Du vol et de l'iniquité !

Muni du précieux brevet à cachet rouge, le sauvage crève d'orgueil. Ce n'est plus un nègre, mais un dieu, et il ne demande qu'à le prouver à quelque ancien camarade par un coup de foudre dans la cervelle. La vanité est féroce. En 1848, les gamins galonnés en mobiles le montrèrent bien aux Parisiens. Les nouveaux guerrilleros, parmi lesquels s'enrôlent parfois de charmants gentilshommes décavés, de gais rastaquouères, même des Cafres raccolés au cap de Bonne-Espérance, prennent la campagne, reçoivent un plan d'opérations lesquelles embrassent un réseau de fermes où ils seront traités princièrement, s'ils savent plaire. La jeunesse dorée des environs s'invite aux battues. On pique dans la brousse, on fouille les marécages, on giroie dans la forêt ; les noirs reniflent des pistes insaisissables pour un Européen, déjouent les ruses qu'ils ont eux-mêmes pratiquées. Cette chasse à l'homme passionne nos chasseurs. Postés à cinq cents pas, ils s'enthousiasment à descendre des malheureux dont la javeline ne porte qu'à cinquante. Ils ont ainsi détruit des tribus entières ; rien qu'à Port-Mackay, les Kangal, les Fouldjin, les Gouga. Les fins tireurs marquent chaque tête abattue par une coche à la culasse. Sur telle carabine, le capitaine, amateur distingué lui-même, compta vingt-trois entailles.

Toujours correcte, l'administration recommande la bienveillance et l'esprit de conciliation à l'inspecteur qui rédige les rapports à imprimer. Le dit fonctionnaire a une phraséologie spéciale, des expressions édulcorées, des formes mansuétudineuses : « repousser » pour surprendre, « nettoyer la place » pour fusiller les gens.

Fortiter in re, suaviter in modo.

Au cap River, telle fille de 15 ans fut « dispersée », telles négrillones qui avaient allumé un incendie furent « pacifiées ». Et quel incendie ? Un feu pour rôtir du poisson avait, de la berge, gagné des foins, — Où ? Sur le territoire de leur propre tribu. Victor Hugo disait déjà :

Un brigand les égorge et dit : « Je les apaise » !

Pour être juste, il faut constater que la police noire n'a point l'habitude de fusiller les fillettes ni d'égorger les sauvagesses pas trop vieilles. Pendant qu'on tombe leurs maris, les femmes se tiennent coites, et après l'abattage, l'officier livre à ses hommes le tas de femelles. Et s'il ne le faisait, sa propre vie ne vaudrait pas cher : une balle dans le dos est gagnée si facilement ! Les *gentlemen mami* ou hommes d'importance — c'est leur titre — se partagent au gré de leur aimable fantaisie les malheureuses, tremblantes et muettes d'effroi. Point délicat que cette distribution. Quand il y a maille à partir, les disputants révolvérisent celle qui fait l'objet de la contestation : « Ni moi ni toi, personne ne l'aura ! » Après l'orgie, les survivantes passent de main en main, vaguent de caserne en casernement. Quand elles ont cessé de plaire on les lâche, et les pourries vont crever dans l'ivrognerie ou la mendicité.

En somme, on n'extermine que rarement la tribu entière. Après avoir abattu quelques douzaines de sujets, on pourchasse les autres ; les fatigues, la faim, la soif en font périr davantage que les balles. Quand les noirauds ont perdu ce qu'ils avaient de mieux en hommes et en femmes, en fils et en filles, quand ils ont fait assez longtemps de l'héroïsme inutile, et savouré l'atroce misère, ils demandent grâce. Pourvu qu'ils se sentent matés et bien matés, le colon leur octroie volontiers la permission de rentrer, à titre de racaille immonde et d'ignoble valetaille, dans ce qui fut leur patrimoine mille fois séculaire. Ces misérables rendront quelques services, nettoieront les étables, porteront du fumier, des charges de bois, on les paiera en chiques essuguées, en riz avarié et abatis de boucherie. Des moutons, des bœufs, on leur jette la tripaille par-dessus le mur ; ils se ruent sur la carogne, se gorgent de sang chaud, engoulent à même les intestins et emportent les os pour les ronger. Spectacle odieux qu'ils n'eussent jamais donné dans leurs forêts natives.

Le contact immédiat des civilisés est aux non-civilisés funeste autant qu'aux poissons la rencontre du flot marin et du flot terrestre. Les misérables, retour d'exil, retrouvent leur femme ou leur fille métamorphosée en souillon de cuisine ; on leur rend celles qui sont gâtées à fond. Et la décence avant tout, la décence anglaise ! On leur fait quitter la nudité, vêtement divin, pour qu'ils s'affublent d'une chemise en loques, guenille infecte, pour qu'ils se fourrent les pieds dans des bottes à travers lesquelles passent les orteils, pour qu'ils coiffent un mouchoir bariolé, ou mieux encore un cylindre défoncé ; un feutre mou est ambitionné comme ailleurs une couronne ; on l'achèterait au prix de la vie. Ajoutez à l'attirail une pipe, et le moricaud, vaniteux comme un pou, affectera un superbe mépris pour ses confrères qui vaguent dans la liberté d'autrefois ; il en parle comme le blanc, le désigne par l'épithète injurieuse de-*mayoll*, arbre de la brousse. Dès qu'il a lié familiarité avec le valet de carreau, il cuide avoir pénétré les mystères de la civilisation, se tient pour un gentleman. Il est tout à fait « dans le mouvement » quand il happe une poule égarée et chope un mouton d'aventure ; mais le maître lui pardonne aisément des peccadiles qui au fond ne lui déplaisent pas. L'avilissement étant irrémédiable, le nouveau propriétaire n'a rien à craindre pour l'avenir. Au spectacle de cet être humain croupissant dans l'abjection, le Pharisien savoure mieux sa propre justice : Pareilles espèces ne me sont rien.

COMMENT LA CIVILISATION CIVILISE

Dorénavant, il traitera en chiens ceux qu'il avait traités en loups. Et montrant dédaigneusement ceux qu'il a dépouillés, il s'écrie : Mendiants et parasites ! De son autorité privée le squatter élève à la dignité royale un drôle quelconque, généralement un loustic à poigne, roublard et ivrognard. L'investiture se fait par une ficelle ; il attache au cou du souverain une plaque en cuivre :

LE ROI BOB

Délabré mais couronné d'un haute-forme, Bob rayonnera la majesté. Au monarque de veiller à ce que ses sujets respectent la propriété du blanc ; de sa royale main, il calotera les pillards et chapardeurs, et s'il ne peut ou n'ose, il les mouchardera. Sa liste civile ? Il aura son os en permanence, tout comme le sultan ; de temps à autre, le fond d'une blague à tabac. Il est congédié par un juron affable et un coup de pied protecteur : « Tire tes pattes, roi Bob ! Décanille, roi Bob ! Plus vite que ça, roi Bob ! Ouste ! »

Voilà comment la civilisation civilise. Après avoir tué, elle dégrade. Son dernier triomphe est de dissoudre les âmes, avilir les cœurs, démoraliser les caractères. Quand on fusillait les sauvages par tas et que les blessés étaient achevés par les bouledogues, quand le colon massacrait les sauvages, notre sensibilité trouvait à redire. Mais aucun blâme n'est encouru depuis que l'on extermine les noirs par les noirs. Voire, le gouvernement mérita l'éloge de nos philanthropes quand il institua une fonction nouvelle, celle du « protectorat des indigènes » et qu'il paya sur la caisse publique une douzaine de plumitifs avec carte blanche pour libeller tous griefs, appels, remontrances et protestations, avec les pouvoirs les plus étendus pour calligraphier tous mémoires, considérants, protocoles, et grossir la paperasse qui s'amoncelle dans la chancellerie aux larges armoires.

Élie Reclus

LA FORMATION DES RELIGIONS

AVANT-PROPOS[1]

S'il est une question vitale entre toutes, c'est bien celle de la religion. Haute et profonde elle englobe les vies, tant des individus que des nations. Elle ne se manifeste pas en toute occurrence, mais avec quelque perspicacité, on ne manque pas de la découvrir.

Entre elle et la science s'est engagée une lutte qui sévit encore ; lutte inflexible, mais souterraine le plus souvent, et silencieuse. Le triomphe de la science, on eût pu le croire définitif, quand il fut reconnu que le soleil ne tourne pas autour de la terre, quand l'école accepta le système de Newton, de Newton que Galilée et Kopernik avaient précédé et que devait suivre Laplace. Mais quoi Newton, lui-même, reprit la plume des *Principia* pour écrire un commentaire sur l'Apocalypse, disserter sur le Millenium et sur le nombre de la Bête !

Inutile d'expliquer ici comment les nations d'Europe font de la politique, soit catholique, soit protestante ou orthodoxe ; ni de de démontrer que dans cette nation-ci les luttes politiques ont leur point de départ dans l'idée religieuse et que les différents partis se classent suivant que leurs affinités sont cléricales ou anticléricales. Ce ne serait ni le lieu ni le moment d'approfondir comment la république voisine, après avoir crié avec le Tribun de Belleville : « Le cléricalisme, c'est l'ennemi », a repris les anciennes traditions catholiques à l'extérieur, pour ensuite gouverner à l'intérieur avec l'appui et la haute approbation du pontife siégeant au Vatican. Les va-et-vient de la politique contemporaine ne sont point notre fait. Mais si nous en avions le temps, il nous plairait d'étudier avec vous comment la Belgique catholique se sépara naguère de la Hollande protestante. comment les dissensions religieuses ruinèrent les Flandres, les dépeuplèrent au profit des Pays-Bas voisins, lesquels devinrent la puissance calviniste par excellence. Comment l'Allemagne faillit mourir de sa Réforme. Comment la guerre des Albigeois tua la civilisation naissante du Midi, civilisation qui eût donné à l'Europe un centre de gravité autre que l'actuel. Et la lutte

---

1   Conférence à l'École des Libres Études.

en Espagne entre les Maures et les chrétiens ; et l'entière chrétienté s'armant pour écraser l'Islam et lui arracher le saint sépulcre !... Arrêtons-nous, ou bien il faudrait refaire l'histoire entière de l'Europe et celle des autres parties du monde.

Inutile d'insister. Réflexion faite, personne ne contestera l'assertion que la pensée religieuse impulse les peuples et les nations. N'était cette clé du mystère, l'histoire serait une indéchiffrable énigme, la chorée de nations démentes, le grand bal à la Salpétrière.

I

Connaître la raison de ce qui est la raison de l'histoire, saisir l'idée maîtresse, motif secret des événements, surprendre le mobile des agitations humaines à travers les siècles, comment y parviendrons-nous ?

Surgit une objection préalable : Les religions protestent qu'elles ne sont pas justiciables de la raison, à laquelle toutes se disent incommensurablement supérieures. chacune se présente avec un diadème marqué Alpha et Oméga. « Je suis le Mystère, disent-elles, je suis le commencement et la fin ; nulle main ne soulèvera les voiles qui m'enveloppent. L'être débile qui naît, vit et meurt dans le temps, ne pourrait sans périr penser une pensée d'éternité. Faibles mortels que vous êtes, prétendiez-vous dialoguer avec l'éclair ! C'est ce qu'on disait, à Thèbes déjà, dans le mythe de Sémélé, de Sémélé foudroyée pour avoir voulu voir Jupiter autrement que sous le déguisement d'un mortel !

— Parfait. Tenons le raisonnement pour irréfutable. Mais puisque la compréhension du mystère nous est interdite, puisque nous ne pouvons que déraisonner sur les choses qui dépassent notre compétence, tenons-le pour dit. Cessons d'y penser et même de nous en soucier. Si nous arrivons à vivre dans l'éternité, alors, et seulement alors, nous nous occuperons des choses qui sont par-delà le temps.

Ainsi parlent les Agnostiques, un groupe dans lequel brillent de savants naturalistes, Anglais pour la plupart, issus d'une nation pratique et robuste.

Élie Reclus

— Mais l'eussiez-vous deviné ? Cette déclaration, les hommes religieux l'ont accueillie de mauvaise humeur, n'en veulent entendre parler, affirment qu'elle sape les bases de toute religion...

— « Ces Agnostisants, disent-ils, nous suppriment en prétextant nous ignorer. Pour ne pas avoir à nous répondre, ils s'encotonnent les oreilles. Fort respectueusement, et sous couleur que le royaume de Dieu n'est pas de ce monde, ils nous mettent hors le monde, hors l'intelligence, hors l'humanité. ils nous enferment dans un cabanon de fous, sous prétexte que nous ne saurions mieux être logés pour la contemplation des secrets insondables !

« Qui donc imagina le mythe de Sémélé, sinon des philosophes du terre-à-terre, dont le génie se refusait aux hautes spéculations, à l'essor de l'empyrée ! Mais, contrairement à ce que disent Aristote, les aristotéliciens et autres sectateurs du médiocre bon sens, les sciences ne valent que par la quantité de mystère qu'elles détiennent. Toutes nos connaissances, tantes et quantes, n'ont d'autre vertu que celle de nous faire soupçonner l'incogniscible vérité. L'énigme proposée à l'homme est insoluble, certes, — à qui le dites-vous ? — mais il importe que nous nous y débattions, pour en deviner les profondeurs. Sur les marches du sanctuaire veille le Sphynx ; à la porte il se tient accroupi ; nul n'entrera dans le temple d'éternité qui n'aura senti ses griffes acérées lui déchirer les chairs et fouiller jusqu'au cœur ! »

Ceux qui parlent ainsi sont les héroïques, les ardents.

Sans aller si loin dans leur foi, la majeure partie des docteurs chrétiens — pour le moment nous n'en avons pas d'autres à consulter — permettent l'examen de leurs mystères, même y initient volontiers, mais après instruction reçue et épreuves traversées. Le mystère, disent-ils, le mystère parce que mystère, fit l'objet d'une révélation.

Partant de cette révélation, il n'est prédicateur qui ne démontre à ses ouailles le « mystère de la rédemption », il n'est desservant qui n'explique à ses jeunes catéchumènes des deux sexes ce qu'il appelle « le plan de Dieu ». En même temps il fait, autant que possible, appel à l'intelligence et à la compréhension ; il explique, donc il discute. Il raconte que le mystère fut, de propos délibéré, institué pour tenter l'homme auquel il suffit de dire : « Voilà un mystère » pour qu'il s'acharne à le deviner, pour qu'il le tourne et le retourne, pour que son regard en fouille le dehors, afin d'en deviner, si possible, l'intérieur. — Que dit la légende biblique ? — Après avoir tiré le monde du néant, le Créateur mit l'homme en un jardin de délices. — Jouissez, dit-il au père et à la mère du genre humain, jouissez de tout ce qui vous entoure. Mais, par exception unique, ne prétendez pas goûter à certain fruit qui donne la connaissance du bien et du mal. Jouissez, mais dans l'ignorance ; jouissez, mais ne prétendez pas savoir le pourquoi ni le comment ! » Et comme il suffit de donner un ordre pour provoquer la désobéissance, Adam et Ève de vouloir tout aussitôt la sensation nouvelle : ils l'eurent, mais pour être expulsés du Paradis... Croyez-vous, dit-on, que cette désobéissance n'eut pas été prévue par l'omniscient créateur ? — « Oh, bienheureuse coulpe ! » s'écrie un Père de l'Église. Péché fatal et fécond qui valut à l'homme la conscience et la liberté !

Qu'avec plaisir on entendrait ce langage, si l'on ne se rappelait que « l'heureuse faute », ainsi nommée, devait être plus tard qualifiée de péché originel, et faire condamner aux supplices de l'éternel enfer la majeure partie de l'espèce humaine !

— Il suffit. La cause de la libre recherche est entendue, et ce n'était pas vis-à-vis de vous qu'il y avait obligation à la justifier. D'ailleurs, nous n'hésitons pas à reconnaître que l'homme se plaît à se poser des questions qui dépassent son savoir et même son intelligence. Cette impossibilité fait sa misère vis-à-vis des autres animaux, mais aussi son privilège ; on a même prétendu qu'elle fait sa grandeur, si grandeur il y a, et si le mot de grandeur n'est pas ridicule, alors qu'on parle d'infini. Quoi qu'il en soit, il n'est cœur vaillant qui n'approuve les paroles du poète : *Malo periculosam libertatem !* Il me plaît que la liberté ait ses périls !

II

En matière religieuse, un soupçon de légèreté nous disqualifierait, une ombre d'outrecuidance nous mettrait dans le tort. Ne l'oublions pas, vous et moi ne sommes que des individus. Un quelconque de ces individus s'arroge le droit de citer les religions à comparoir devant le tribunal de sa conscience ! Un particulier, lui tout seul, à sa guise et sans appel, jugera d'une croyance professée par quelques millions d'hommes ! Sur une doctrine qui a persisté pendant des siècles nous porterons notre arrêt en quelques heures, peut-être en quelques minutes, oubliant qu'elle fit l'objet des longues, longues méditations d'esprits sincères, de profonds penseurs, même de plusieurs génies !... Quand nous y aurons bien réfléchi, avec quelle sincérité, avec quelle modestie — non, quelle humilité — prononcerons-nous nos jugements !

Sans doute nous aborderons cette étude avec la ferme résolution de chercher, non la démonstration d'aucune idée préconçue, mais la vérité, rien que la vérité. Qui s'embarquerait avec un parti pris, dans le voyage ne verrait que son parti pris.

Et ce serait une grave erreur de croire qu'il suffit de la bonne volonté pour se dégager du parti pris. Le parti pris, c'est notre manière même de penser, c'est la modalité suivant laquelle fonctionne notre jugement, c'est notre acquis intellectuel, c'est nous mêmes.

Voici, par exemple, la lutte que pendant plusieurs générations Dionysos et Apollon se livrèrent, sur toutes idées et tous sentiments ; la religion, l'art, la philosophie étant leurs champs de bataille. Apollon et Dionysos représentaient deux conceptions différentes du monde et de la vie. Chacun de nous, même sans le savoir, est apollonien et dionysique — comment son verdict ne s'en ressentirait-il pas ? — Bien plus, en ces matières — les plus graves — on change plusieurs fois d'opinion. Il y a l'opinion de la jeunesse, l'opinion de l'âge mûr, l'opinion des années intermédiaires. On ne saurait raconter les péripéties de la controverse entre le brahmanisme et le bouddhisme, sans y mettre du sien. Quelque conscience qu'on y mette, ou même à cause de cette conscience, l'opinion personnelle transparaîtra toujours...

— Allons plus loin. Voudrait-on que nous tinssions la balance égale entre le juste et l'injuste, ou ce que nous prenons pour tel ? Que l'on assistât à un meurtre sans secourir la victime ? Alors, on ne serait plus témoin, mais complice !

Quelle est donc difficile à obtenir cette impartialité, si délicate que nous aurions peine à la définir ! Néanmoins, nous l'exigeons pure et parfaite, tout au moins dans l'intention. Pourvu qu'elle soit sincère, nous ne lui en demanderons pas davantage. Nous la tiendrons pour vraie, si l'amour de la vérité l'inspire.

LA FORMATION DES RELIGIONS

Encore la stricte impartialité n'y suffirait-elle pas. L'exactitude s'applique aux faits, non pas aux sentiments, elle mesure les quantités, non les qualités. Un cœur n'est compris que par un autre cœur. La vérité intime ne se révèle point à ceux qui n'étudient les choses que par le dehors. Il ne s'agit pas de procéder à la façon d'un juge d'instruction — fût-il honnête — évaluant en un procès pour vol les quote-part de responsabilité qui attribuera au pègre, au cambrioleur et à la recéleuse. Bien plutôt serons-nous le frère qui interroge sa sœur sur l'amour naissant qu'il a cru surprendre. Mille fois on n'a dit, et mille fois c'était vrai : « Ne comprend que celui qui aime. »

— Fort bien ! Mais que souvent il nous faudra prononcer entre deux hommes qui se détestent, entre deux systèmes qui se contredisent ! L'*Enfer* de Dante a été inspiré par la pensée catholique, et le *Paradis* de Milton par la pensée protestante, comment faire !

— Ce que nous ferons ? Nous les laisserons s'entre-maudire, et nous goûterons dans le poète florentin ce qui dépasse le catholicisme, et dans lepoète anglais ce qui dépasse le protestantisme. Cela ne sera point toujours facile, mais il faudra, coûte que coûte, en trouver le moyen.

III

Ce moyen, je n'ai pas à vous l'enseigner, et vous n'êtes pas à le découvrir. Point vous n'ignorez la Loi d'Évolution, que notre siècle n'a certainement pas inventée, car elle a été pressentie, tantôt clairement, tantôt obscurément, par les penseurs de tous les âges et même par le peuple ; surtout par le peuple, pourrait-on dire. La gloire de notre époque est de l'avoir mieux comprise, de l'avoir formulée avec vigueur, de l'avoir montrée, agissant dans la faune comme dans la flore, dans l'humanité comme dans l'animalité, dans la psychologie comme dans la physiologie. Ainsi que l'individu, les collectivités passent de la naissance à la mort en traversant des développements analogues. Les idées aussi. Les systèmes pareillement, qu'il s'agisse de philosophie, d'art ou d'économie politique. Même loi pour les dogmes et les croyances, même fatalité pour les sociétés religieuses comme pour les sociétés civiles. Sont logées à la même enseigne les républiques et les empires.

Tout ce qui vit mourra, tout ce qui s'agrège se désagrègera, tout ce qui se développe se décomposera. La doctrine que nos savants prouvent par d'irrésistibles arguments, la Mahabharata l'avait formulée avec mélancolie et l'Ecclésiaste avec tristesse ; l'évidence des faits s'était imposée aux esprits intelligents.

Nous n'étudierons pas les dogmes en eux-mêmes, nous ne ferons qu'esquisser leur formation et leur histoire. Il nous suffira de raconter, laissant à d'autres le soin de plaider ou le plaisir de discuter. Nous tenons que l'évolution est à elle-même sa propre justification. Ce qui se produit n'a jamais manqué d'avoir sa raison suffisante.

À ceux qui se mettent résolûment sur le terrain de l'évolution, combien l'impartialité est facile ! Quel intérêt auraient-il à combattre un système, à démanteler une doctrine, sachant que doctrines et systèmes mourront, tôt ou tard, de leur belle mort ? Le temps ne faillira pas à les détruire. Le Temps, un Saturne, a la manie de dévorer ses enfants.

Aux théologiens de l'antique Sorbonne il arrivait de se jeter leurs perruques à la tête, quand ils discutaient l'orthodoxie des divers commentaires sur le miracle de Josué arrêtant le soleil, quand ils fixaient l'année précise de la création du monde, quand ils ratiocinaient si le seigneur Dieu se reposa de son œuvre prodigieuse — fût-ce un samedi en l'honneur de l'ancienne alliance ? — fût-ce un dimanche, en l'honneur de la nouvelle ? À la chaleur de la dispute on eût pu mesurer l'ignorance des disputants. Vous échoueriez à réconcilier celui qui n'a vu qu'un côté de la question et celui qui n'a vu que l'autre. Éternelles sont les discussions entre ceux qui n'ont tort qu'à demi et ceux qui n'ont raison qu'à moitié. Mais ce n'est point ici qu'on s'engagera en d'irritantes discussions, en haineuses controverses. Notre intention n'est point de juger ni de condamner, mais seulement de comprendre. Bienveillante pour tous, la science fait la paix dans les esprits et dans les cœurs.

IV

Chaque religion se disant provenir d'une révélation divine, devait nier ses rivales. Fatalement ses adhérents devenaient les contradicteurs et les acharnés adversaires de toute doctrine qui lui faisait concurrence. Les religions ont développé plus d'animosité autour d'elles que ne le firent jamais le principe dit des nationalités, ni l'institution de la propriété privée — d'ailleurs ces religions ne sont-elles pas la plus sacrée des propriétés et la raison profonde des nationalités ? — « Il n'y a de haine que de théologiens », disait Luther. Il s'y connaissait et nous pouvons l'en croire sur parole. Les haines des protestants entre eux, des protestants contre les catholiques, des chrétiens contre les juifs et les musulmans — l'énumération pourrait être continuée — ont fait verser sang et larmes par ruisseaux. La personnalité de ces religions étant exclusive, exclusive comme elles était la science qu'elles développaient, rien ne sortait de leurs officines que marqué du sceau d'une orthodoxie spéciale.

Il en fut ainsi jusqu'à la moitié du dernier siècle, jusqu'à l'émancipation de la raison humaine. avant l'illustre « Encyclopédie », les sciences étaient justiciables de la révélation, après l'Encyclopédie, les révélations furent justiciables de la science. L'impulsion fut décisive, elle donna aux esprits une direction nouvelle, changea l'équilibre du monde intellectuel, modifia son orbite.

Cependant, nous n'hésitons pas à reconnaître que les Encyclopédistes et leurs successeurs immédiats ne firent des religions, et de la religion chrétienne plus particulièrement, qu'une critique superficielle et entachée d'insuffisance. ; ils ne les regardaient qu'à travers le prisme de Virgile et de Platon.

Mais voici qu'Anquetil Duperron rapporta d'Inde la traduction du Zend-Avesta. Puis il trouva l'interprétation des signes hiéroglyphiques et des signes cunéiformes, lesquels dévoilèrent les religions du Nil et de l'Euphrate. Apparurent en Europe les Védas et le Livre de Manou, surgirent le brahmanisme et le bouddhisme. Une science nouvelle naquit, celle des religions comparées.

Cette science nouvelle a déjà rendu des services que l'on ne saurait priser trop haut. Avec d'énormes labeurs, une admirable patience que traversaient des éclairs de génie, une pléiade d'hommes, objet de notre admiration et de notre reconnaissance, ont reculé les bornes de l'histoire ; en démêlant les origines des religions, ils éclairaient les origines des peuples.

Élie Reclus

Mais, occupés qu'ils étaient par les religions qu'ils découvraient dans les livres et documents, nos savants ne s'embarrassaient guère des croyances entretenues par les tribus des pays barbares, ni par les campagnards ignorants des pays civilisés. Ces croyances, elles passaient naguère, elles passent encore dans la science officielle, pour un ramassis de superstitions grossières, un capharnaüm d'imaginations ridicules, la niaiserie en mal d'absurdité. Grande faveur quand un théologien veut bien admettre qu'emmi ces calembredaines a pu se conserver quelque trace de la révélation qu'on dit avoir été faite à Noé, après le déluge. bienveillance insigne quand des anthropologues reconnaissent que telle de ces balayures rappelle une tradition plus ou moins historique.

Entre-temps, d'admirables résultats étaient obtenus par des philosophes, des historiens, des jurisprudents, qui, recherchant les origines de la famille, de l'héritage, des droits du père et du mari, s'avisèrent d'instituer une enquête parmi les tribus sauvages et les populations primitives.

L'étude des traditions populaires avait été entreprise avec vigueur et intelligence par l'école allemande et par la scandinave ; l'école anglaise se mit de la partie et plusieurs autres ; enfin, l'école française entra dans le mouvement ; plus qu'une autre elle a du mal à se détacher de la tradition, soi-disant libérale, mais platement rationaliste, qu'avait instaurée la génération de 1830. D'un autre côté, des voyageurs toujours plus nombreux, fouillant tous les coins du globe, rapportent des renseignements de mieux en mieux compris sur les croyances et superstitions lointaines : peu à peu elles se complètent et s'éclairent les uns les autres.

De toutes ces informations un résultat se dégage, une conviction s'impose : toutes les superstitions se ressemblent, celles des sauvages comme celles des civilisés ; toutes font la Superstition, comme toutes les religions font la Religion. Les superstitions sont la matière première qui s'évapore en mythes et symboles, se cristallise en dogmes et théologies. Expliquons-nous bien : le mot de « Superstition », nous le comprenons dans son sens rigoureusement étymologique, sans y ajouter aucune nuance de blâme ni de mépris ; il désigne les idées et les sentiments qui ont surnagé des âges lointains jusqu'à nous ; ce sont des survivances. Elles survivent dans l'enfant ; car tout homme qui se développe comme s'est développé l'humanité. Chacun de nous a eu sa période d'ignorance et de naïveté, chacun a suivi avec délices les gestes merveilleux de l'*Oiseau bleu* couleur du temps, a cru, au moins à demi, au roman*Cendrillon*, aux exploits du *Vent de bise*. Y croyait-on vraiment ? Certes. Néanmoins, nous avions le sentiment que c'était là du merveilleux, c'est-à-dire des choses qui ne se voient pas tous les jours, et nous aimions ces contes pour l'état d'âme qu'ils éveillaient. Nous passions de la phase intellectuelle dans laquelle se sont attardés les Primitifs. La texture du cerveau était alors celle de son âge. On imaginait tout, faute de rien savoir, et l'on créait avant d'apprendre. Plus tard, nous amassons des connaissances dites positives, nous les accumulons la vie durant ; heureux si avant de s'en aller nous trouvons le temps de les classer et de les mettre en ordre, de prononcer sur ce qu'elles valent.

Donc, au lieu d'expliquer les superstitions vulgaires par les religions officielles, ainsi que cela se pratique généralement, nous expliquerons les religions par la superstition, grâce à laquelle nous faisons rentrer dans le cercle normal du développement ces religions multiples, qui ont soulevé, chacune se donnant pour la Vérité, et qualifiant sévèrement toutes ses rivales ; nous leur assignons un principe, un développement, une fin ; nous trouvons leur place dans l'évolution universelle.

Appliquée au sujet de notre étude, la méthode est nouvelle, donc attrayante. Elle simplifie les procédés, agrandit et élargit les résultats. Si vous le voulez bien, nous nous mettrons à l'œuvre.

RENOUVEAU D'UNE CITÉ

Qui n'entendit parler, peu ou prou, de la capitale de l'Écosse ? Qui n'a gardé le souvenir des inoubliables romans de Walter Scott ? Qui ne sait le rôle joué par Édimbourg dans l'histoire ? Qui ne sait tout au moins qu'on admire ses magnifiques perspectives ? — Mais ce que l'on ignore généralement, c'est qu'Édimbourg fait œuvre sociale, et qu'en cette ville l'idée de la « Société Nouvelle » se précise mieux qu'ailleurs, prend forme concrète, se réalise. Petit commencement, mais un modèle, déjà.

Élie Reclus

On sait que le vieux Édimbourg recouvre un bloc de lave, à pic de trois côtés. En haut de la noire masse, qui fut le bouchon d'un cratère dont les parois de cendres ont disparu, se dresse le « Castle » ou château-fort, auquel on travailla pendant un millier d'années. Par le désordre grandiose et pittoresque de ses portes, donjons et remparts, — mur par ici, tour par là, — le Castle fait contraste avec la ville neuve, dont les faubourgs qui l'enceignent rayonnent à sa base, et vont rejoindre, au nord, la ville maritime de Leith qu'habite une population très différente de celle d'Édimbourg. On prétend ne pas se connaître de l'une à l'autre cité — et de fait, on ne se connaît guère : « Athènes n'a rien de commun avec le vulgaire Pirée. »

La crête de la colline se continue en s'abaissant d'une pente égale jusqu'à la célèbre abbaye de Holyrood. La forteresse féodale et le sanctuaire religieux constituaient autrefois la cité presque entière. Au milieu de la rue Haute (*High Street*) qui suit l'arête de lave, se dresse, en manière d'autel, une pierre sur laquelle, lors des grands jours, monte un héraut d'armes costumé à l'antique. Il proclame, en langage suranné, la loi que vient d'édicter Sa Majesté Victoria, reine d'Écosse, car, à Édimbourg, l'Impératrice des Indes n'est autre que l'héritière de la famille des Stuart. Il faut dire que l'Écossais, avisé dans les choses du présent, n'entend pas renoncer à son glorieux passé, tout en travaillant à un avenir meilleur. Il veut que sa ville conserve le cachet d'autrefois. Orgueilleusement paradent sur les places les Highlanders ou « Montagnards, » en leur costume bizarre, avec quelque pelleterie en avant de leur jupe, souvenir du temps auquel leurs ancêtres n'avaient pour vêture qu'une dépouille de bête. Des joueurs de cornemuse les accompagnent, des nuées de gamins les précèdent, et la joie populaire les suit.

À l'extrémité basse de High Street, au nord du château, s'élève l'abbaye déjà nommée de Holyrood ou « Sainte-Verge ». Elle fut transformée en un palais, bien connu par le séjour qu'y fit Charles X, quand la Révolution de 1830 l'eut chassé du trône de France. Holyrood est hanté par le souvenir de la belle et malheureuse Marie-Stuart — la tant aimée, mais aussi la tant haïe Marie Stuart, en l'honneur de laquelle littérateurs, historiens et théologiens n'ont pas fini de rompre des lances.

Ajoutons que dans la Ville neuve, entre Édimbourg et Leith,

la petite colline, dite de Carlton, s'est encombrée de bizarres co-lonnades, copiées de temples grecs et imitations du Parthénon. Pour ces constructions renouvelées de l'antique ne manquaient ni la pierre ni le marbre ; les carrières avoisinantes les fournis-saient en abondance. Édimbourg avait pris au sérieux le surnom de Nouvelle-Athènes que lui avaient valu ses bibliothèques et ses écoles célèbres ; cette appellation, elle la voulait mériter par des monuments d'ordre ionique ou dorique. Néanmoins, la dernière mode est au gothique, sans qu'on puisse dire qu'il ait bien réussi aux édiles. L'architecture étant le produit de son milieu, un style n'est pur et n'est beau qu'à l'époque et dans les pays où il a pris nais-sance, où il a été senti et vécu.

La vallée où se trouve Holyrood sépare l'agglomération urbaine du volcan depuis longtemps éteint qu'on nomme Arthur's Seat. Cet Arthur — ou Artus — fut le roi légendaire qui inspira les grandes épopées des Chevaliers de la Table Ronde, tels que Tristan le Léonnais, Perceval et Perce-forest, Galaor et Gauvin, Amadis et Palamède. Une large terrasse circulaire, bordée de basaltes en colonnes, entoure le piton suprême d'où se déroule jusqu'à la mer, jusqu'aux comtés d'outre-Forth, une immense étendue verdoyante.

La campagne commence brusquement au ras de la grand'ville, la-quelle n'envoie pas, comme fait Londres, des tentacules dans la pro-vince environnante, où elles accrochent bourgs, villes et villages, annexés les uns après les autres. Tout à côté de la cité bruyante s'ouvrent landes et bruyères ; la multitudineuse rumeur des foules et des tambours, les sifflets des fabriques et locomotives font çà et là vibrer les parois des rochers solitaires.

High Street, l'artère principale de la vieille ville, et quasiment l'an-cienne ville tout entière, High Street où jadis les prélats se rencon-traient avec les grands courtisans, High Street n'était plus, en ces derniers temps, qu'une rue immonde. Lorsque Jacques VI hérita de la couronne d'Angleterre et se transporta à Londres, où il fut suivi par les seigneurs de son entourage, Édimbourg fut délaissée par la cour et par tout le monde des riches parasites. De ruine en ruine High Street devint un lieu de misère, un quartier sordide. Des prostituées étendaient leurs paillasses sur d'anciens parquets, des cheminées monumentales, à boiseries et sculptures, étaient maçonnées et transformées en cabinets d'aisance, dans les *wy-*

nds ou cours, dans les *closes* ou culs-de-sac, les ordures s'étaient accumulées à plusieurs mètres de hauteur. Le quartier empuanté à fond, telles impasses, telles rues étroites, sont encore des sentines d'infection. Et la misère y grouille, ordure humaine sur l'ordure des choses.

Survint un homme de cœur et d'intelligence, nommé Patrick Geddes, lequel se dit : « De cette pourriture, de cette infection, de cette misère nous sommes responsables. Et s'il y a culpabilité en cette affaire, les coupables ne sont pas les meurt-de-faim, mais ceux qui vivent à leurs dépens ! »

Ce n'était pas que Geddes fût riche d'écus, mais il était riche d'intelligence et de bonne volonté. Disons tout d'abord que l'individu est un petit homme vibrant et agile. La tête est finement sculptée portant une lourde chevelure qui tombe en casque sur le front. Il se dit Gael, de la race d'Artus, se porte comme un descendant du Celte vaincu et opprimé, ne se soucie point d'appartenir à la postérité des pirates et vikings, des hordes d'Angles, de Saxons, Norses et autres pillards des côtes de la Baltique ou de la mer du Nord, ni des Normands plus ou moins francisés. L'homme est un savant, célèbre comme botaniste, moins connu comme historien, mais qui connaît beaucoup ; il a même fait au Mexique des études prolongées d'archéologie. De préférence il s'adonne à la biologie, se dit disciple fervent de Flahaut, le professeur de Montpellier, qu'il déclare le plus grand botaniste du siècle. L'ouvrage de Geddes le mieux connu a pour titre : *L'Évolution du Sexe* et a été écrit en collaboration avec Thomson, son collègue à l'Université de Dundee, où Geddes enseigne la biologie botanique. Son cours, révolutionnaire, exaspère les botanistes orthodoxes qui restent confinés dans la doctrine des immuables espèces. L'enseignement du biologiste s'est répandu en dehors de l'Université, et sous son influence se forment des groupes d'amateurs enthousiastes, sociétés d'ouvriers botanisant le dimanche, qui connaissent admirablement leur flore locale et la respectent ; ils refusent même d'herboriser avec les malencontreux personnages qui s'obstinent à arracher des plantes sous prétexte de collections. Geddes est en relations intimes avec des jardiniers experts qui avaient inventé le darwinisme bien avant Darwin, car celui-ci, dans l'*Origine des Espèces*, n'a guère fait que rassembler en faisceau les découvertes et observations des jardiniers et des éleveurs.

Édimbourg, le groupe universitaire le plus important de la Grande-Bretagne, compte dans ses diverses facultés 5,000 élèves, dont 3,000 s'occupant de médecine et de chirurgie. La célèbre école se vante d'avoir donné naissance aux deux découvertes chirurgicales les plus importantes du siècle, à savoir celle de l'anesthésie par l'éther, le chloroforme, etc., et celle des pansements antiseptiques, gloire de Lister. Mais les professeurs actuels, fiers de la renommée de leur prédécesseurs, se gèrent en propriétaires plutôt qu'en administrateurs de l'Université, dans les revenus de laquelle ils se taillent des traitements plus que magnifiques. L'un d'eux s'est alloué 125,000 francs par an. Aussi la politique de messieurs les directeurs s'emploie-t-elle à diminuer le nombre des collègues afin de grossir la part du gâteau.

Par manière de compensation, plus les professeurs sont riches, plus pauvres sont les étudiants. Il faut dire que les jeunes gens de famille riche ne manquent pas d'aller passer leurs années d'université à Cambridge, ou mieux encore à l'aristocratique Oxford.

Voyant dans quelle misère se traînaient nombre de jeunes hommes à belle intelligence et nobles aspirations, Geddes ne put autrement que leur souhaiter une existence moins dure et injuste. Bientôt il se fit une clientèle d'étudiants et étudiantes, de jeunes professeurs et autres universitaires. Il résolut de leur procurer des demeures moins odieuses, une existence moins pénible. L'endroit le plus ignoble, peut-être, de High Street fut celui par lequel il commença — c'était un repaire de filles de joie ; — il n'hésita pas à l'acheter et à l'approprier en *University-Hall* ; même y installa-t-il le groupe des étudiantes. Il ne doutait pas qu'en changeant le personnel, les entours changeraient, puis tout le milieu. Il se mit donc bravement à acheter les terrains. Disons qu'il a fait deux parts de sa vie. L'hiver il fonctionne comme professeur à Dundee, vaque aux travaux scientifiques ; l'été il s'adonne aux réformes sociales.

Et l'argent ? La société qui avait pris pour raison sociale « Geddes et consorts » (*Geddes and his colleagues*) en trouva, elle en trouve toujours. Car ce ne sont pas des châteaux en Espagne qu'il s'occupe à construire et à reconstruire. L'argent qui s'y dépense se retrouve en loyers. Il démontre facilement qu'avec de l'intelligence et du savoir-faire, et pourvu que l'entreprise se fasse sur une vaste échelle, les jeunes gens auxquels il s'intéresse peuvent être bien logés, bien nourris à moindres frais qu'il ne leur en coûte pour être mal nourris et mal logés. Il produit ses plans et ses calculs, montre les résultats acquis. Il y a sept ans déjà que son œuvre fonctionne, et tel qui, il n'y a qu'un instant, le traitait de visionnaire, lui confie son argent, sur la simple hypothèque des maisons à racheter et à reconstruire. Tel est son succès que malgré la sainte routine l'administration municipale a souvent recours à lui. La ville lui a confié le soin d'exproprier des immeubles à démolir ou à transformer. Ajoutez que Geddes est un artiste, qu'il a le sens du décor en grand. Il sait garder le pittoresque des anciennes constructions et même il le développe, grâce à des gazons et parterres, par de judicieux ornements, des fresques et sculptures. Il fait mieux et meilleur marché que tout le monde, réalise de notables économies sur les frais de justice et de comptabilité, supprime les traités officiels, les stipulations notariées par un livre de comptes qui fait autorité en justice. Le Doit et l'Avoir donnent le détail des transactions, racontent tout ce qu'il est utile de savoir. Jusqu'à présent, on n'a eu aucune dispute avec les dix architectes ou entrepreneurs, ni le moindre bout de procès avec les cinquante propriétaires d'immeubles. On a eu de rares, de rarissimes désagréments avec tel ou tel, mais on en a été quitte sans querelle et l'on s'arrangeait ensuite à laisser ces gens tranquilles, on s'adressait à d'autres. Le monde est grand.

Pour ce qui en est de l'œuvre déjà accomplie, quatre cents jeunes gens sont logés dans les nouveaux bâtiments, où ils ont trouvé demeure spacieuse et largement éclairée, fournie des accommodations hygiéniques. Dans l'University-Hall les réfectoires sont communs ; dans les salles d'études et de discussion les jeunes gens vivent en bonne et fraternelle camaraderie, en une affection mutuelle que l'on ne trouverait pas dans les communautés religieuses. Les étudiantes se sont organisées en une société quasi libertaire.

Encouragé par le succès, le milieu Geddes rêve mieux encore, projette une abbaye de Thélème ; d'énormes bâtisses, qui jusquelà n'ont guère servi qu'à des expositions banales, doivent être transformées en institut d'histoire et de géographie, avec salles de conférences aux étages supérieurs, ateliers et musées dans les parties hautes, lesquelles dominent l'immense étendue de la ville et de la campagne, ont vue jusqu'au merveilleux pont de la Forth.

Et d'autres projets vont leur train : une bibliothèque, des laboratoires, et pour ne pas toujours faire de l'instruction, rien que l'instruction, il faudrait, pour un public plus large et moins exclusivement universitaire, de la musique et du théâtre. On voudrait fonder la Maison des Artistes, puis celle des auteurs unis, devenant leurs propres éditeurs et imprimeurs. On pense encore pour plus tard — mais pas si tard que les calendes grecques — à des maisons de campagne pour les convalescents, à des lieux de repos et de villégiature. Mieux que ça, on étudie la création de jardins où l'on pratiquerait la culture intensive, où dans un milieu resté intellectuel les hommes travailleraient aussi de leurs mains, approvisionneraient de fruits et légumes, même de céréales, les associations de High Street.

Telles étaient les entreprises prochaines que l'on discutait naguère à Édimbourg, en une réunion de professeurs et d'étudiants qui s'étaient donné rendez-vous à l'University-Hall, de toutes les parties de la Grande-Bretagne ; des Italiens, des Français assez nombreux s'y étaient aussi rencontrés. Plusieurs conférences se donnèrent à la campagne ; telles leçons de géologie ou relatives à l'histoire d'Écosse se firent sur place. Quelques-unes furent accompagnées de représentations scéniques. On nous parla d'Artus, tandis que nous siégions à la Table Ronde, sur les doux fauteuils de gazon, au pied du château de Stirling.

En ce milieu dont M. et Mme Geddes sont les bons génies, on rêve à la transformation des études historiques. En nos lycées, collèges et facultés, l'histoire n'est qu'un déballage de momies. Et telle nous a paru la pensée maîtresse de Patrick Geddes, de ses collaborateurs et de ses disciples : vivre la science, aimer la science ; cultiver la science pour elle-même, et non pour le profit ; non point pour les carrières officielles qu'elle ouvre, pour les appointements qu'elle procure. On a fini par se lasser de la science telle que les pleutres la comprennent, telle qu'ils l'ont accaparée et imposée dans les universités officielles, devenues des fabriques de brevets au profit de la bourgeoisie. Il faudrait en revenir aux projets des humanistes des XVe et XVI« siècles qui pensèrent fonder des écoles pour développer l'humanité en l'homme. Mais à peine avaient-ils commencé que surgirent les dominicains et jésuites d'un côté, luthériens et calvinistes de l'autre, qui n'avaient souci, eux, que de propagande confessionnelle. Et « des humanités » il ne fut plus question. Il serait temps de reprendre l'idée que caressaient les grands esprits de la Renaissance et de transformer les universités actuelles en Écoles de Libres Études.

Ce sont là les projets, les réalisations admirables de Geddes et de ses amis, et c'est d'un cœur ému que nous contemplons les œuvres accomplies ; mais ici un doute nous prend : Que deviendrait l'entreprise dont la réussite croissante est due presque en entier à la personnalité de l'homme qui la réalise, à sa chaleur d'âme, à son enthousiasme sans cesse renaissant, à son amour qui pénètre tout et fond les obstacles comme de la cire ? Que deviendrait ce travail prodigieux si les capitaux auxquels il doit forcément s'adresser et qu'il emploie dans ces constructions, venaient à donner en un moment critique la prépondérance à des intérêts monétaires ligués contre lui ? Certes, les banquiers aiment à se répandre en démonstrations d'onctueuse philanthropie lorsque l'argent prêté leur rapporte d'honnêtes pourcentages ; ils débordent alors de sympathie pour les humbles et les pauvres. Mais ce sont là des sentiments sur lesquels il ne faut point compter d'une manière absolue ; si généreux que soit le prêteur, il n'aime point à se dessaisir de son gage. Puis, quand les hommes sincères, quand les purs et les dévoués qui consacrèrent leur vie à l'œuvre fraternelle, ne sont plus là pour la continuer dans le même esprit, quand ils dorment sous la pierre, et que le « capital engagé », toujours vivant, toujours conscient de ses « droits », est désormais chargé de mener l'entreprise à bonne fin, hélas ! tout change alors. Il est vrai que les protestations humanitaires se font encore entendre, mais ce sont des paroles vaines, vides de sens, l'argent est devenu le maître, et toute l'affaire se trouve orientée vers un bas idéal. C'est ainsi que tant d'autres œuvres, commencées dans le pur enthousiasme fraternel, sont devenues peu à peu de médiocres institutions bourgeoises, dont il serait aussi utile de se débarrasser qu'il fut noble de les entreprendre !

Certes, ces vaillants d'Édimbourg, « Geddes et amis » savent parfaitement quel danger les menace ; ils n'ignorent point la puissance néfaste de la propriété privée, de l'argent, des intérêts pour cent et pour mille, mais tout en subissant les conditions de cette société

mauvaise, ils s'empressent d'agir, réalisant de leur mieux autant de
« faits accomplis » que leur vie peut en fournir, donnant à l'œuvre
l'impulsion de tout leur être, s'associant en nombres grandissants
pour qu'il soit de plus en plus difficile à l'argent de les faire dévier
de leur voie. La forme extérieure de l'œuvre pourra changer après
eux, mais ce qui ne périra pas c'est leur esprit, et d'autres repren-
dront le travail où on l'aura laissé.

Nous en avons assez, nous en avons trop, de cette exploitation
toujours plus cruelle de l'homme par l'homme, trop de cette
« production des richesses », c'est-à-dire paupérisation du grand
nombre au profit d'une minorité toujours plus restreinte. Nous en
avons assez du « Mammon inique », trop de l'ignoble Veau d'Or.
Qu'on nous donne enfin une société humaine, qui soit au moins
digne des autres sociétés animales, telles que les républiques des
fourmis et des abeilles, des grues et des hirondelles ! Prenons enfin le loisir d'être heureux ! Nous avons besoin de fraternité — de
fraternité entre les peuples et les nations, de fraternité entre les
hommes.

LE MARIAGE TEL QU'IL FUT ET TEL QU'IL EST ![1]

Puisque l'institution même du mariage civil est en cause, nous
en exposerons le développement historique. Les points en litige
seront mis à leur valeur relative ; par le seul fait que la situation
générale sera bien établie, plusieurs difficultés d'ordre secondaire
se dissiperont sans qu'on y touche, et la grande question de droit
s'élucidera en quelque sorte d'elle-même.

I

---

1 C'est à la bonne obligeance des petits-enfants de notre grand disparu Élisée Reclus
que je suis redevable de publier ici l'intéressante étude d'Élie Reclus. Cette étude,
tirée en 1907 à un petit nombre d'exemplaires, est restée peu connue et est devenue
introuvable actuellement. Tous mes remerciements à nos bons camarades pour leur
amabilité.

A. LORULOT.

Élie Reclus

« L'homme est la mesure de toute chose », disait un sage de l'antiquité, formulant une vérité dont les générations qui se succèdent n'épuiseront pas la profondeur.

« Donc, je mesure tout à mon aune », — concluent certains auxquels il ne vient pas à l'idée que la longueur physique de leur individu, déjà bien petit en comparaison de la Terre, est insuffisante pour métrer le système solaire, insuffisante pour les espaces célestes. Le plus intelligent n'a qu'une valeur mesquine, s'il compare son bagage intellectuel à celui des millions qui peuplent le monde, des milliards qui l'ont peuplé. En comparaison avec les périodes cosmiques, éphémères sont nos vies, éphémères nos ans composés de treize lunaisons. Ce qui n'empêche qu'avec une candeur parfaite, une innocence naïve, le commun des mortels se figure comprendre l'univers parce qu'il l'a réduit à sa propre taille, déclare immobile ce qu'il n'a jamais vu changer, immuable ce qu'il n'a pas senti bouger ; car il n'a jamais mis en question la prétendue évidence des sens. C'est ainsi qu'on disait la Terre centre éternel des cieux, la Terre, qui, depuis des cycles incomptés, se précipite à travers les constellations avec une vélocité prodigieuse. Comme il branlerait la tête, le paysan né dans son village, si tout abruptement on lui déclarait qu'il laboure un fond de mer ; que de cette colline à l'horizon, il n'est pas un centimètre cube qui n'ait grouillé dans la vase, nagé dans les flots ; que la roche au milieu des luzernes est ar- rivée de deux cent cinquante lieues, voiturée sur un glaçon ; que les montagnes bleues à l'horizon, que ces montagnes sont en marche vers la mer, et qu'elles roulent, emportées par les torrents et les ri- vières ! Il hochera la tête, votre bonhomme, si vous avancez qu'on n'a pas toujours été marié par le ministère du prêtre et de l'officier municipal. — Rien n'est plus vrai, cependant ; — mais comment admettre ce qu'on ne peut comprendre ?

Il faut, en effet, une réflexion déjà aiguisée par les modernes dé- couvertes scientifiques pour accepter pleinement le fait que l'Uni- vers est engagé dans une série de transformations incessantes, que nos institutions sociales, à l'instar des grands phénomènes cosmiques, se modifient par leur action réciproque dans le cours des longs âges : que l'histoire et la géologie se ressemblent, que la Nature et l'humanité se développent parallèlement et suivant les mêmes lois.

LE MARIAGE TEL QU'IL FUT ET TEL QU'IL EST !

Rapt, meurtre, esclavage, promiscuité brutale, tels furent les débuts de l'institution matrimoniale, débuts peu glorieux, mais dont nous n'avons aucune honte : plus bas nous avons commencé, plus haut nous espérons monter. Par ce qui se pratique parmi les populations contemporaines les plus arriérées, nous jugeons des mœurs de notre propre race, aux temps reculés dans lesquels elle n'avait pas d'histoire. Que nous apprennent cent et une relations de voyageurs ?

Des guerriers, — aux cours d'assises on les qualifierait d'assassins, — une bande de guerriers surprennent un village. La nuit est profonde ; jusqu'aux huttes de roseaux, jusqu'aux gourbis tressés de ramée, les envahisseurs se sont glissés à pas de loup, sans faire crier une feuille sèche. Soudain, ils poussent des cris féroces, des rugissements terribles, secouent les torches, brandissent des tisons. En un clin d'œil s'embrasent les torches de pin, les toits de feuilles flambent et pétillent. Les familles qui sommeillaient, les individus accroupis, empaquetés, pressés les uns contre les autres, les voilà saisis par le désastre ; ahuris, affolés, ils brûlent déjà, et sont encore endormis. On se précipite à l'ouverture qu'on avait faite étroite et basse pour la pouvoir mieux défendre, on s'y heurte, on se pousse et s'embarrasse, rôti par la flamme, ébloui par les gerbes incandescentes, suffoqué par la fumée. Les premiers franchissent la porte en rampant, et comme ils glissent encore sur le sol, ils ont les membres transpercés, la tête fracassée. Aux vieillards moins agiles, aux enfants sans vigueur, aux malheureux incapables de se défendre, on ne fait pas même l'aumône d'un coup de massue, on les rejette dans le brasier flambant. Tout est tué, tout est massacré, sauf quelques grandes filles échappées à l'incendie, épargnées par le casse-tête. Les vainqueurs, — on appelle cela des vainqueurs, — se précipitent dans l'enceinte des troupeaux qu'ils poussent devant eux pêle-mêle, avec les malheureuses qui ont les mains attachées derrière le dos. Heureux et fiers, les pillards s'annoncent de loin par des grognements de triomphe ; ils gravissent les collines, dévalent les plaines. Les captives qui trop souvent trébuchent et tombent, celles qui ont trop de peine à se relever sont dépêchées d'un dernier coup, ou laissées à expirer dans quelque marais, à pourrir dans une fondrière. Pour activer la marche, pour ranimer les efforts défaillants, ils piquent dans les épaules, dans la nuque :

Élie Reclus

« Avance ou crève ! » Aux temps héroïques, les braves, les vaillants et les admirés se pourvoyaient ainsi d'épouses et de fiancées.

Fête de la victoire. Magnifique boucherie des bêtes razziées. Tapage, vacarme et vociférations, danses frénétiques, énorme bombance, glorieuse ivresse, orgie digne des Immortels. Encore fourbues de fatigue, leurs blessures fermant à peine, les filles, les femmes butinées attendent, jetées dans les coins, le dernier acte de la ripaille : tous les mâles de la horde leur passeront sur le corps. — Au préalable, le sorcier, bizarrement accoutré, l'homme aux incantations, les lavera, les fumiguera, les désenguignonnera, exorcisera les démons de la tribu native, inoculera les divinités du foyer nouveau ; il leur mettra au cou un collier de graines bénites, à la narine un bouton porte-bonheur. Le saint homme, ses acolytes l'assistant, et toute la jeune école des prophètes, de ces malheureuses filles feront des femmes, prenant tous les risques de l'opération — car ils enseignent que la femme est de nature impure et venimeuse — ils prononceront des formules sacrées, afin de garantir contre le mauvais sort les futurs époux qui attendent pour faire prouesse à leur tour.

Sur ce premier patron, les populations les plus diverses ont taillé l'innombrable variété de leurs rites nuptiaux, qu'elles se sont transmis, plus ou moins modifiés, jusqu'à nos jours.

***

Le mariage, que nous sommes accoutumés à considérer comme d'ordre individuel, absolument privé, fut communautaire à l'origine, et d'ordre collectif ; les femmes appartenaient à la bande par indivis ; tous avaient mêmes droits sur toutes, nul guerrier qui n'eut sa part du butin. La captive appartenait à ceux qui avaient brûlé son village, étouffé ses oncles, flambé ses frères, éventré sa mère. Encore si les ravisseurs n'eussent été que ses maîtres ! encore si elle n'eut été payée qu'en coups et sévices ! Mais non ! leur fureur de meurtre tournait en rage amoureuse, leur ivresse en lascivetés plus brutales et effrayantes que leur rage dans les combats. À pareils seigneurs pouvait-on répondre autrement que par la ruse et la perfidie, que par des tentatives de meurtre ou d'empoisonnement ? — Eh bien non ! L'on aima ces brigands, on en vint à chérir ces assassins, à se dévouer pour ces cannibales… — Par la bénigne influence de l'oubli ? Par l'effet de l'accoutumance qui stupéfie même les atroces douleurs, étouffe les vives sensibilités ? — Cela n'eût pas suffi.

Mais elle vint, guérissant les blessures, calmant les irritations, endormant les rancœurs, elle vint, la maternité, opératrice des merveilles, elle vint, tenant dans ses bras l'Enfant, le doux et prodigieux miracle de la Nature. À peine est-il né, l'Enfant, que toutes choses sont faites nouvelles, que toutes vieilleries sont oubliées. Que parlez-vous de remords, de crime et d'ignominie, quand il est là, innocent et suave ! Que vous souvenez-vous de ces histoires de violences et de cruautés, quand il égare dans vos cheveux sa main caressante ? Que vous chaut les malheurs passés quand il vous regarde de ses yeux doux et purs ? Le sourire de l'Enfant illumine le monde ; il n'est âme assombrie dans laquelle il ne déverse à flots la lumière, n'épanche les tranquilles profondeurs des cieux azurés. Il paraît, et le Passé, avec sa longue séquelle de regrets et de repentirs, de dépits et d'amertumes, le Passé s'évanouit, s'oublie, et l'Avenir, frais et souriant, fait son entrée avec le radieux cortège d'espérances. Et ces prodiges, comment l'Enfant les accomplit-il ? Quel est le mystère de son pouvoir ? C'est que le faible, désarmé, incapable de se défendre, impuissant à se suffire, le petit être ne vit que par votre bonté, ne subsiste que par votre faveur. Le seul fait de son existence prouve que ce n'est point le Droit du plus fort, comme ont dit les philosophes de faible envergure, mais le Droit du plus faible, qui l'emporte dans l'humanité comme dans les espèces animales. L'Enfant moralise la mère, moralise le père, moralise les alentours ; autour du berceau nichent d'aimables génies qui se posent sur les têtes, vont et viennent en blanches volées ; aux battements de leurs ailes éclosent pensers de paix, bons vouloirs, paroles de concorde. Interprète de la naïve science populaire, tout autrement profonde que celle des moralistes de profession, le peintre Raphaël, voulant montrer à l'humanité son vrai Rédempteur, modela de son trait le plus caressant, de sa couleur la plus lumineuse, le « Bambino », un enfant, un tout petit enfant, souriant dans les bras de sa mère, rayonnante de bonheur.

***

L'Enfant a été la cause première et directe de nos progrès sociaux. En vue de l'Enfant, s'établirent les institutions matriarcales qui, politiques et religieuses, sociales et civiles, avaient l'enfant pour objet déclaré ou sous-entendu. Il n'y avait alors de filiation que la filiation maternelle. Cela s'explique. La paternité est un acte mystérieux, un fait incertain ; mais quoi de plus saisissant que le drame de la parturition, avec les douleurs et les cris de la femme angoissée, avec l'explosion de joie qui salue le nouveau concitoyen ! Tout enfant se connaissait une mère, mais de père, point ; la paternité collective des hommes de la tribu suffisait ; peu importait l'un plutôt que l'autre. Longtemps, il n'y eut de fils que de sa mère. Il n'y eut de clans, il n'y eut de « gentes » que les métronymiques : on eut la « matrie » avant la patrie. Chose singulière ! Durant cette phase historique, les notions de stabilité, de durée, de perpétuité se groupaient autour de la Maternité et du principe féminin. Le masculin ne représentait alors que fragilité et inconstance ; mais la justice et l'équité, le besoin d'ordre dans le progrès et de progrès dans l'ordre, les idées de paix, de conciliation et d'arbitrage, se rattachaient à la mère, de laquelle, comme d'un centre, rayonnaient les principales manifestations de la vie morale. Autre que l'actuelle était alors la conception maîtresse, autre l'explication générale des choses ; le monde intellectuel, différemment équilibré, ne gravitait point suivant la même orbite. Car les idées, car les sentiments sont loin d'avoir la fixité qu'on leur attribue, et les lois même de l'évidence ont une histoire. L'antique dicton : mobile comme l'onde, eût jadis semblé dépourvu de saveur et privé de sens, si on l'eût appliqué à d'autres qu'au sexe fort.

***

Peu à peu le rapt s'était consolidé en mariage. De même la rapine, prenant assiette et consistance, était devenue propriété par sa transmission à l'enfant, et cette transmission dans la même lignée, de mère en fille, ou d'oncle à neveu, constitua le groupe familial. Longtemps la famille se ressentit des actes de violence qui l'avait inaugurée ; son chef, investi du droit de vie et de mort, l'exerçait à sa fantaisie ; la « famille » signifiait alors chiourme domestique, popote d'esclave. La liberté relative dont elle jouit présentement ne fut conquise que par de persévérants efforts ; de longtemps ce mot de liberté n'eût pas ce caractère moral que nous lui avons attribué, et quand nous l'appliquons aux périodes primitives, ce devrait être à bon escient. Maintes fois, la mère des héritiers ou des héritières resta dans la condition servile, et les maisons princières de l'Orient contemporain nous en montrent de fréquents exemples. Toutefois, les institutions matriarcales relevèrent sensiblement la situation sociale faite à la mère et la situation civile faite à la femme.

Le rapt était si bien entré dans les mœurs, paraissait chose si décente et convenable, que lorsque les filles ne furent plus enlevées de force, les mariages étaient précédés par un simulacre d'enlèvement, comédie qu'on se donne toujours en plusieurs de nos cantons. Quand les femmes ne furent plus « gagnées à la pointe de la lance », le père les livrait au futur genre contre des bêtes à cornes, contre des cuirs ou des fourrures. Les bonnes maisons ne se défaisaient qu'à bon prix de leurs demoiselles, qui elles-mêmes mettaient vanité à se faire payer cher. Pour ne pas déprécier la marchandise, les parents veillaient à ne pas encombrer le marché, et les mères — les mères, disons-nous — calculaient qu'il valait mieux étouffer leurs fillettes en bas âge que, plus tard, les vendre au rabais.

Les plus entichées de noblesse supprimaient d'emblée toutes celles qui leur naissaient, assurées d'avance qu'aucun acquéreur ne pourrait solder ce riche morceau. Si les garçons eussent été en nombre, ils auraient poussé aux enchères, mais on avait pris la précaution d'éclaircir les rangs ; on les avait fait s'entr'assommer gaillardement en maintes rencontres et escarmouches. Ces époques reculées avaient aussi leur question sociale, qu'elles non plus ne savaient résoudre qu'en taillant et rognant dans les vies humaines, et surtout parmi les procréatrices de l'espèce.

Le meurtre des filles eut pour conséquence la polyandrie ou l'adjonction de plusieurs époux à une seule épouse, et la polyandrie à son tour appela l'infanticide, précédant nos économistes, nos libéraux et philanthropes, dans l'invention des procédés malthusiens pour équilibrer les populations et les subsistances.

Concurremment aux mariages exogamiques par rapt et par achat, se faisaient aussi des mariages on ne peut plus simplistes entre frères et sœurs — notons qu'en plusieurs contrées l'adelphogamie est toujours en honneur comme prérogative des hautes familles et maisons royales. Plus tard, on se plut à marier un lot de frères avec un lot de sœurs ; aucune distinction n'étant faite entre les enfants, tous cohéritiers d'un domaine qui restait la possession inaliénable d'une seule famille. Du système polyandrique est issu le lévirat, coutume que nous connaissons par l'histoire de Booz et de Ruth, et le sigisbéisme, dont l'existence légale — pas plus loin qu'en Italie — passait pour un paradoxe, parce qu'on en ignorait l'explication.

Ménagère de plusieurs maris, condamnée aux grossesses sans trêve, à la gestation perpétuelle, à peine interrompue par de fréquents infanticides, la femme aspirait à fuir son bagne conjugal, à esquiver les travaux forcés de la polyandrie. Sa force et sa puissance étant dans l'amour, c'est à l'amour qu'elle demanda son affranchissement. Au préféré parmi les maris, au plus jeune des frères, lui-même souvent rudoyé par les aînés, un jour elle confia le doux secret : « Cet enfant est à nous deux ! à moi, à toi, à nul autre ».

À partir de ce moment, l'institution matriarcale fut compromise et entra dans une décadence qui, de jour en jour, s'accéléra jusqu'à complète et entière abolition. Se jetant d'un extrême à l'autre, l'Humanité semble incapable de comprendre les faits les plus simples avant de les avoir niés avec fureur, puis de les avoir faussés en les exagérant à outrance. On dirait que nous devons épuiser la série des paradoxes avant de nous accommoder aux solutions que dictent l'évidence et le bon sens. Du moment qu'on eut découvert que l'enfant est fils de son père, on ne voulut plus qu'il fut aussi fils de sa mère. On décréta que désormais le père compterait pour tout, la mère pour rien. Mais pour faire adopter la doctrine nouvelle, il fallut bouleverser l'âme jusque dans ses profondeurs ; et si jamais révolution troubla les esprits, ce fut assurément celle qui substitua le patriarcat aux institutions matriarcales.

Cérès, au dire des poètes et des historiens, fut la législatrice des peuples. Les tribus de pêcheurs, chasseurs et pasteurs s'oubliaient dans la vieille sauvagerie dont émergèrent les colonies d'agriculteurs, orgueilleux de leur charrue autant que de leur lance et de leur épée. Notre civilisation émane de l'homme des champs, qui initia le monde à des institutions juridiques déjà compliquées, à tout un système de science rudimentaire, qui formula un ensemble de lois politiques, civiles et religieuses, instaura un code resté en vigueur dans nos campagnes, un droit coutumier qu'observent nos paysans.

L'agriculteur antique se considérait comme l'époux de la terre, qu'il croyait, presque sans métaphore, féconder de ses sueurs. Le mariage, tel qu'il l'établit, ne s'explique clairement que comme institution agricole. Autant le cultivateur se sentait supérieur à la glèbe, autant il croyait l'emporter sur son épouse, dont le sein, prétendait-il, n'est que le champ dans lequel le semeur dépose la semence. Quelles qu'elles soient, orge ou blé, épautre ou millet, la terre les accepte indifféremment, leur transmet ses sucs ou son humidité : mais elle ne produit elle-même, disait-il, qu'une végétation folle et désordonnée, qu'une animalité sauvage et féroce. Des mottes prennent forme organique ; la boue tiédit, la poussière s'anime : serpents, crapauds, grenouilles, rats et fourmis de surgir, insectes de pulluler, vermine de grouiller ; baies âpres, fruits âcres de se nouer aux buissons et sauvageons ; alors d'apparaître orties méchantes, houx et chardons piquants, rue infecte, chiendent envahisseur, ciguë vireuse, belladone empoisonnée. Symboles du prolétariat, images du commun peuple, les joncs des vasières, les prêles et les roseaux foisonnant dans les marais, toute une démocratie végétale. Par ses goûts, ses passions et ses instincts, la foule est toujours femme, la femme est elle-même fille de la Terre et son incarnation directe. De progéniture spécialement féminine « sont les enfants naturels », les champis trouvés sous un buisson, les bâtards ramassés dans un carrefour, les adultérins nés dans la fange du ruisseau. De même procréation sort la multitude mal nourrie, l'engeance pauvre et misérable, que les riches et puissants, la voyant faible, traitent facilement de lâche. Deux races sont en présence, celle des Eupatrides, ou hidalgos de l'Antiquité, glorieux maintenant d'avoir un père, et cette prolification anonyme pondue par la mère Gigogne, tourbe de « gens qui ne sont pas nés », comme s'expriment agréablement ceux qui se sont donnés la peine de naître. Les deux espèces, prétendait-on, reproduisent les qualités des sexes, dont elles sont issues ; ne différant pas moins par l'intelligence et la moralité que par l'organisme physique ; car autre est l'âme virile, autre l'âme féminine. L'homme est de principe actif, la femme de principe passif ; le premier est d'essence spirituelle, et par les éléments qui le constituent, allié au feu, à l'éther, aux substances lumineuses ; mais la seconde, foncièrement matérielle, est formée de molécules aqueuses et terreuses, imprégnée de choses obscures. Les mâles par excellence, guerriers et laboureurs, chefs de clans ou de tribus, possesseurs de champs et de troupeaux, fiers de leur famille héroïque, de leurs quartiers de noblesse ou de paysannerie, de leurs ancêtres et dieux lares, de leur autel domestique, rois en ce monde et se préparant à être dieux dans l'autre, se donnaient comme représentant la raison dominatrice de l'Instinct, comme personnifiant la civilisation qui asservit la Nature, comme domptant la tourbe humaine et animale.

Qui leur a valu ces grandioses prérogatives ? L'hérédité, la transmission des vertus divines, de père en fils. Sachez qu'ils sont, chacun de son côté, les rejetons des Immortels qui, à l'aurore du monde, se plurent à féconder les plus belles d'entre les filles de Demêter ; apprenez qu'ils sont de race solaire, enfants de l'Astre du jour, lequel renaît, chaque matin, du sein de la nuit, et chaque printemps du sommeil de l'hiver ; ils portent l'incorruptibilité en eux-mêmes, ils ont les promesses de la résurrection. Mais le peuple, lui, mais la femme, mais la Terre, ressortissent à la Lune, dont la lumière subtile et froide pleut la corruption dans notre atmosphère. En conséquence, les orthodoxes de la doctrine brûlaient les cadavres des hommes et des guerriers dont l'esprit était censé, sur les ailes de la flamme, ascendre les espaces célestes, pour s'y mélanger avec la lumière astrale. Quant à la dépouille mortelle des filles et des mères, ils l'enfouissaient, mêlant l'argile à l'argile et la poudre à la poudre. D'où les hésitations de l'Église Chrétienne, qui eut peine à décider que la femme, aussi bien que l'homme, jouit d'une âme immortelle.

***

La femme ayant été décrétée d'infériorité, ne pouvait manquer d'être aussi chargée d'iniquité et de malice. Si elle est passive par essence, elle ne saurait franchir les étroites limites à elle assignées que pour tomber dans la perversité, que pour gâter et détériorer ce qu'elle touche. On lui prouve qu'étant matière, et rien que matière, elle ne peut que se mettre en hostilité avec l'esprit ; qu'elle est impudique avant même l'éveil des sens, que sa chair est pécheresse plus que toute autre chair. On enseigna que par elle la mort est entrée dans le monde, on démontra qu'elle propage et perpétue le péché originel, qu'elle est la fontaine même du mal.

D'où la supériorité du célibat sur le mariage, de la vie monastique sur la vie familiale : dogme professé par la plupart des religions, notamment par celle qui règne et gouverne dans nos parages. D'où la croyance en la sainteté du prêtre, parce qu'il crie à la femme : « Ne me touche point ! Noli me tangere ». D'où les commentaires sur la parole du Maître reprochant à la malheureuse qui avait frôlé le bord de la tunique sans couture : « Une vertu est sortie de moi ». D'où les louanges décernées par l'Église à des marmots singulièrement précoces, dont la sainteté monstrueuse s'offusquait à voir les seins de la nourrice et qui même refusaient de se laisser allaiter par leur mère.

Puisque la femme est, disait-on, un être inférieur, et même un être pervers, il eut été absurde de lui témoigner respect et estime, de lui reconnaître aucun droit, de la laisser maîtresse de ses actions, libre d'aller et de venir. Sauf l'antique Égypte, sur laquelle planait le doux génie d'Isis, déesse toujours compatissante, toujours aimante et généreuse ; sauf le Bouddhisme, qui eut des trésors de compassion pour toute la création, protégea la femme — non toutefois sans quelque défiance, montrant, en somme moins de pitié, moins de tendresse pour elle que pour les animaux ; — sauf encore quelques sectes, parmi lesquelles la Pythagoricienne, toutes les civilisations, toutes les religions à nous connues, qui envahirent la scène du monde pour s'entredéchirer, ne s'accordèrent que sur un point : la haine et le mépris de la femme. Brahmanes, Sémites, Hellènes, Romains, Chrétiens, Mahométans,[1] jetèrent à la malheureuse chacun sa pierre ; tous se firent une page dans cette histoire de honte et de douleur, de souffrance et de tyrannie. Nous le disons très sérieusement, sur ce point, notre humanité, si vaine de sa culture, se ravala au-dessous de la plupart des espèces animales. Des Grecs, les plus policés de leur époque, édictèrent l'abominable formule : « Ménagère ou courtisane », que nous avons eu la mortification d'entendre répéter en plein XIXe siècle comme le dernier mot de la science sociale et même révolutionnaire.

Des poètes, comme Euripide, reprochèrent aux Dieux qu'ils eussent fait dépendre de la femme la procréation et l'entretien de la famille. Le « divin Platon », qu'on dit le plus grand des philosophes et le premier des pères de l'Église, donna pour sacrées les amours

---

1 Voir à ce sujet, la brochure d'André Lorulot « *Notre Ennemie : La Femme* », 1,15 franco. (Note de l'Éditeur).

Élie Reclus

contre nature ; on les préconise comme antidote à l'attrait naturel d'un sexe vers l'autre. Ne pouvant supprimer la maternité, fait physique, on la nia, fait moral. Un terrible procès posa la question en des termes comme on n'en pouvait imaginer de plus crus ; l'antiquité discuta passionnément de la légende d'Oreste : le fils d'Agamemnon avait assassiné sa mère pour venger le meurtre de son père ; Clytemnestre, de son côté, avait fait expier à son époux le meurtre de leur fille Iphigénie… Eh bien ! le matricide fut absous, Minerve elle-même descendit de l'Olympe pour plaider sa cause devant l'Aréopage. Il fut décidé que ce fils avait agi droitement et sainement, qu'il devait tout au père qui l'avait engendré, rien à la mère qui l'avait porté dans ses entrailles ; une fois pour toutes, il fut admis que le fils n'est pas même parent de sa mère et qu'il est de toute autre race. Contre cet arrêt des Dieux s'élevèrent des protestations qu'on étouffa comme impies : du reste, elles étaient impolitiques au premier chef, mal vues par l'opinion dominante. Enregistrons celle des tziganes, misérable tribu indoue, réputée vile parmi les viles : — « Vantez-vous d'être une race de héros, il nous suffit, ô fils de brigands, d'être chaudronniers et voleurs de chevaux ; vantez-vous d'être les fils du mâle, nous nous glorifions de rester fils de la mère ; fils de la femme nous étions, fils de la femme nous resterons ! »

Aux premiers pères entichés de leur paternité, il ne suffisait point que des enfants fussent nés, pour qu'ils daignassent les reconnaître et les élever. Jusqu'à ce que le maître fît sien, en le ramassant, le paquet que la mère avait laissé tomber, le rejeton n'existait pas, légalement parlant. De là, les pratiques de la couvade, coutume extraordinaire, dont on ne peut trop admirer la haute absurdité. Pour bien montrer que le nouveau-né cesse d'appartenir à la mère, s'il lui a jamais appartenu, le père se met au lit, absorbe potions et tisanes, se gare des courants d'air, envoie la mère travailler aux champs, et majestueusement tend son petit doigt au nourrisson pour qu'il le suce.

La plus noble des institutions patriarcales, contre-partie de la polyandrie, est la polygamie, dans laquelle versa en Orient tout ce qu'il y avait de plus riche et de plus puissant. Ce fut un autre moyen d'émanciper le sexe fort de la tyrannie du sexe faible. On disait, avec une certaine raison, que trois femmes exercent moins d'empire sur un seul homme, qu'une seule femme sur trois maris. La primitive Église permit le mariage, mais comme exutoire de la luxure, déclarant hautement ses préférences pour la virginité, que de grands docteurs assurèrent efficacement en interdisant aux jeunes chrétiennes de se baigner jamais, et leur intimant de ne se laver que d'une main seulement. L'antique loi romaine, dure à l'encontre de la femme, dont elle faisait une éternelle mineure, toujours sous la tutelle du père, du mari, du fils ou des petits-fils, servit de type aux générations qui suivirent, et nous régit encore. Le Moyen-Âge, que certains ne veulent voir que dans les Cours d'Amour et les joutes en l'honneur des dames, fut pour les femmes une époque malheureuse entre toutes. Rappelez-vous une légende bien connue, celle de Grisélidis. L'épouse du comte de Saluces accepta sans murmure toutes les rebuffades, toutes les injustices de son mari. Il la fit abreuver d'insultes par une rivale, Grisélidis ne se révolta point. Grisélidis resta humble et soumise quand le barbare lui enleva ses enfants soi-disant pour les égorger... La patiente Grisélidis, comme on l'appelait, était l'idéal de l'épouse vertueuse au temps où l'on bâtissait les cathédrales. Si telle était la poésie, qu'était donc la réalité ? Dirons-nous comment de jeunes barons, inopinément, expédiaient leur mère à tel ou tel, auxquels ils en faisaient cadeau pour épouse ? Dirons-nous les coups de pieds dont en plusieurs cantons on gratifiait officiellement la nouvelle épouse, les soufflets que lui administraient beau-père et belle-mère ? Quand le grand-duc de Moscovie mariait sa fille, il la remettait entre les mains du futur époux, auquel il passait certain knout à tresse de cuir : « Mon gendre, à ton tour ! ». Le knout, instrument grossier, fut, avec le progrès des belles manières, remplacé par un fouet à manche sculpté, avec cordes en soie rouges, que les gentilshommes déposaient délicatement dans la corbeille de leurs promises. Encore aujourd'hui, en telle tribu bengalaise, le galant rive lui-même au bras de sa fiancée un gros anneau, solidement forgé ; s'il vient à divorcer, il déboulonne la ferraille, l'assujettit à un autre poignet. Et sans aller jusqu'en Asie, n'avons-nous pas tous remarqué dans les cimetières ces mauvais petits tableaux : une main blanche émerge de la dentelle, encastrée dans un bracelet d'où pendent les maillons d'une chaîne brisée... ? Pas besoin d'appartenir à l'Académie des Inscriptions et Belles-Lettres pour expliquer le gracieux symbole. Il ne s'agit pas ici d'un forçat vulgaire. La défunte était dans les liens du mariage, liens que la mort a rompus.

Exagérons-nous, en disant que la femme est toujours une captive ? Qu'elle est toujours opprimée par la réaction du patriarcat contre les institutions matrimoniales ? Que le rapt et la violence ont laissé d'ineffaçables traces dans le mariage dont ils ont façonné les débuts ? Et que l'évolution dans laquelle l'humanité est engagée depuis une trentaine de siècles est toujours hostile à la femme ? Hostile, partant injuste. Mais le système s'affaisse déjà sur lui-même ; nous sommes en réaction contre lui, et du moment qu'il est contesté, il ne fera plus longue vieillesse.

***

De par le Code civil, en quoi consiste le mariage, chez nous autres, Français ?

Devant le public assemblé et les représentants de la loi, par une déclaration solennelle, la fille met son corps, sa vie, sa fortune et son honneur en la possession d'un homme, tenu désormais à donner sa protection — terme très vague — en retour de l'obéissance — terme très net — qui lui est acquise. Cette personne n'aura plus la libre disposition de soi-même. Si, à tort ou à raison, elle déserte le toit conjugal, le mari peut la faire ramener par les gendarmes. Le mari peut la débouter de l'éducation de ses enfants, peut même les lui enlever entièrement, s'il lui plaît ainsi, les expédier assez loin pour qu'on ne les revoie plus. Code en main, plus d'un misérable a menacé sa femme, qui résistait à ses caprices, d'accomplir cette basse vengeance. — Est-elle lésée dans ce qui lui est laissé de droits ? — Le Tribunal ne lui accordera réparation que si le mari y consent. — Et si le mari a perpétré l'offense ? Elle ne citera le coupable qu'avec l'assentiment du coupable. Toute créature humaine qu'elle soit, elle n'a droit à la justice que sous le bon vouloir du seigneur et maître. Aux yeux de tous, aux yeux de ses propres enfants, la femme est un être manifestement inférieur à son conjoint, cela en nos pays, plus heureux que les nombreuses contrées où elle est esclave, équivalent légal des pièces de bétail qu'on achète et qu'on vend.

Nous ne voulons rien exagérer, et, parce que nous critiquons le mariage légal, nous ne prétendons point qu'il ne produise que crime et malheur. Nous reconnaissons hautement que, dans les mariages contractés sous les auspices de l'autorité civile, il est des unions qui sont aussi heureuses que possible ; il en est plusieurs qui font notre admiration, plusieurs que nous nous proposons d'imiter. Les institutions sociales, choses d'une infinie complexité, produisent des résultats singulièrement dissemblables. La pratique vaudra toujours mieux que les systèmes erronés, toujours moins que les belles théories. Ce qui n'empêche que, dans l'ensemble des éléments qui concourent à un résultat, un bon principe conduit au bien, un mauvais au mal. Ainsi nous affirmons qu'il n'est amitié véritable, qu'il n'est grand amour qu'entre égaux et que, par elle-même, l'inégalité sociale engendre abus, injustices et iniquités. La contrainte aboutit à la révolte, et la subordination à l'insubordination. La tyrannie a pour contre-coup la haine et la rancune, procrée une engeance qui vaut ni plus ni moins qu'elle : vol, tromperie, perfidie. L'inégalité, et surtout celle qu'imposent les lois et les mœurs, l'inégalité factice et purement extérieure, aura toujours une influence funeste. Deviendra-t-elle inoffensive, et même productrice de bien, parce qu'on l'aura introduite entre époux ? Les vices et les défauts qu'on a souvent, trop souvent, reprochés à la femme, nous ne les nions pas, mais nous sommes persuadés qu'ils résultent de la condition qu'on lui a faite ; nous affirmons qu'ils sont, non pas sa faute, mais son malheur, en tant que serve ou esclave. Qu'on ose donc supprimer la cause si on veut abolir les effets ! — Comment, on a exclu la femme de l'enseignement supérieur, on lui a fabriqué une histoire et une littérature spéciales, on lui sert la morale « à l'usage des demoiselles », et après on se scandalise que l'être ainsi façonné soit superficiel et frivole, qu'elle intrigue et baguenaude ? Vous lui interdisez la science, et il vous déplaît qu'elle s'adonne aux superstitions ?

Vous lui fermez l'accès aux sources de la haute moralité, et vous lui reprochez qu'elle soit affriandée d'adultère ?

Et ce n'est pas tout. Combien qui, viciées par un mariage vicieux, vicient leur mari, le poussent au jeu, l'incitent aux aventures de ruelles ? Le malheureux voudrait fuir un intérieur suintant l'ennui, échapper à un caquetage odieux, aux envies basses, à une vulgarité repoussante, à une moralité sordide. C'est ainsi que les mauvais mariages corrompent les familles et par les familles la communauté. C'est ainsi qu'un sang cancéreux charrie la pourriture dans les organes du corps social.

***

Les jeunes couples qui pensent ne pouvoir mieux faire que d'associer leur vie, afin que, appuyés l'un sur l'autre, ils travaillent plus courageusement et que plus douces soient leurs joies, moins amères leurs peines ;

Ceux-là se marient — mais non devant l'autorité civile, et s'abstiennent de tout contrat, serment ou instrument officiel.

Tout bien considéré, se disent-ils, nous ne débuterons pas dans la vie par un acte que notre conscience réprouve. Le mariage n'est-il vraiment qu'une coutume vieillie, mais pas encore démodée ? Certains l'assurent qui ont accepté le mariage officiel, sauf à hausser les épaules avant et après. — Eh bien ! nous nous dispenserons de cette inutile cérémonie. — Le mariage est-il, au contraire, comme nous le croyons, une réalité de premier ordre, qu'il serait insensé de traiter à la légère ? — Alors notre déclaration impliquerait que nous acceptons et le semblant de tyrannie et le semblant de servitude, deux semblants qui font une lâcheté. Car nous supposons comme démontrée l'entière et complète équivalence des deux facteurs de la famille. Il nous répugne et que la femme soit déclarée meuble conjugal, et que l'homme soit réputé le propriétaire d'un pareil objet.

— « C'est de l'idéologie ! », entendons-nous. Soit ! Mais il fait besoin que, de temps à autre, quelques-uns se renseignent au juste sur leurs droits et leurs devoirs ; qu'ils sortent de la fiction, et se cantonnent dans la réalité morale. Commençons par la vérité, puisque nous la désirons comme fin.

***

D'excellents amis, des parents aimés font valoir des raisons contraires, à peu près en ces termes :

— « L'intervention légale, passée dans l'habitude, détermine seule la légitimité et l'illégitimité des unions ; et qui s'en affranchit est réputé immoral. Cette intervention, il faut l'accepter, sauf à être confondus avec ceux qui tournent l'union sexuelle en incontinence. Ne courez donc pas en dératés sur la route du progrès ! Hier, on n'osait mourir sans se faire asperger d'eau sainte, on n'osait s'épouser sans la bénédiction du prêtre ; menons d'abord ces réformes-ci à bon point. Et bien que la législation actuelle laisse beaucoup à désirer, on ne peut nier qu'elle offre des garanties, des garanties nombreuses, dont voici les principales. Au mari, que l'épouse respectera la sainteté du foyer conjugal et tout au moins, n'affichera pas bruyamment son inconduite. À la femme, que l'époux n'introduira pas une concubine sous leur toit. Aux enfants surtout, qu'ils seront couverts par le nom du père, nom dont la privation peut être funeste. Misérable, en effet, est la condition faite à la progéniture extra-légale. La réprobation s'attache à la mère non mariée, et poursuit les enfants ; la loi persécute ces innocents, les traite en coupables, les dépouille par les moyens dont elle dispose : ce qu'elle montre fort bien au chapitre « Successions ». Finalement, ajoute-t-on, « si toutes les précautions sont inutiles, si le conjoint trahit la conjointe, ou la conjointe le conjoint ; si les parents eux-mêmes fraudent leurs enfants, on peut, on doit invoquer la vindicte de la loi, qui punit la perversité qu'elle n'a pas su prévenir. »

***

— Oui, tout est possible ! répondons-nous. Mais la vindicte légale nous importe peu. Et nous demandons ce que garantissent tant de garanties ? On parle de séductions, d'abandons et de trahisons ; on montre des serments viciés, d'ignobles parjures… — Allons au fond des choses. À tromper ou être trompé, il n'est point de remède. Que l'époux auquel on s'était fié démasque sa mauvaise foi, qu'il soit assez lâche pour maltraiter sa femme, et pour laisser souffrir des enfants auxquels il devrait donner le pain du travail… eh bien ! sa vilenie constatée, une femme qui se respecte le laissera partir sans regret, ne lui demandant qu'une chose : ne reparais plus en ma présence ! Car si elle lui permettait de renouer et de le fréquenter à nouveau, les honnêtes gens auraient droit de les dire complices. — Et si l'épouse qu'on croyait fidèle trahit promesses et devoirs, se montre menteuse et perfide, si elle disparaît avec un mauvais compagnon…, voudrait-on la réintégrer au foyer de la famille ? Tout de suite, ou après l'après l'avoir logée entre les murs d'une prison, pour y être moralisée par les bons soins d'un aumônier et des porte-clefs ? — « Tu es partie, lui dirait-on, ne reviens plus. »

Que nous font les garanties, si déjà nous tenons en piètre estime

l'union qu'il faudrait garantir ? L'amour méprise, il refuse tout autre répondant que lui-même. À l'amour, chose suave, à l'amour, chose délicate et fière, qu'importent précautions, autorisations et permissions ? Quoi qu'on veuille, quoi qu'on fasse, c'est utopie que de garantir le dévouement par l'intérêt personnel, absurdité d'asseoir l'affection sur l'égoïsme, de minuter la sincérité sur papier timbré, de plomber la tendresse avec les cachets de la douane. Comme nous préférons dire : — « De ton amour, je ne veux autre preuve que ton charmant sourire, autres garants que ta main loyale, que cet œil au fond duquel j'ai vu mon image… S'il m'avait menti, ce regard débordant de douces promesses, que me feraient contrats notariés, diplômes contre-signés par l'autorité municipale ! Alors je m'écrierais à mon tour : « Plus ne m'est rien ! rien ne m'est plus ! »
— Mais on n'irait point au procureur pour qu'il fouille dans les billets intimes, pour qu'il promène son lorgnon sur des fleurs fanées, pauvres fleurs qu'imprègne encore un vague parfum. On ne requerrait pas séparation de corps et de biens, pour être vilipendés, ridiculisés, traînés dans la boue par des avocats facétieux… Car un procès, des procès, c'est encore la plus claire des garanties qu'offre la législation aux époux qui cessent de s'aimer et de s'estimer.

On reprend : « La loi, défavorable aux mariages qu'elle ne sanctionne pas, la loi, plus dure encore que l'opinion publique, la loi se venge sur les enfants qu'elle qualifie de bâtards, et s'applique à écarter, à exclure des partages de famille. »

— Cela est incontestable. Mais puisque l'héritage est privilège, on n'a pas à le rechercher ni pour soi, ni pour les siens, encore moins à lui sacrifier une conviction. Et pour ce qui est de l'état civil, quel mal à ce qu'on qualifie d'enfants naturels ceux qui ne sont autre chose ?

On nous arrête : — Vous prenez la chose bien légèrement. L'appellation de bâtard, simple médisance dans les grands centres de population, est toujours fort redoutée dans les campagnes et les petites villes. À ceux auxquels elle s'appliquera, elle sera pénible en raison même de son injustice et de son absurdité.

« L'injure n'est que prétendue, mais elle est faite réelle par l'intention, et reste dans le droit strict. L'enfant qui n'en peut mais ne pourra s'en défendre, et n'aura qu'à courber la tête quand des sots

et des méchants la lui jetteront au visage... » Et on nous adjure :
« Parents en espérance, n'imprimez pas ce stigmate au front de
ceux qui sont à naître, ne leur rendez pas plus difficile le combat
pour l'existence ; ne les chargez pas d'un fardeau qu'il ne tiendrait
qu'à vous de leur épargner ! »

Arrêtons-nous sur cette considération, la plus grave de toutes aux
yeux de plusieurs amis.

S'il ne dépendait que de nous, chacun épargnerait à ceux qu'il
aime, et surtout à ses enfants, toute peine et tout chagrin. Nous sa-
vons cependant que la vie est tissue d'ennuis ; qu'on n'est vérita-
blement homme qu'à la condition d'avoir appris à souffrir ; qu'il
faut être prêt à payer de sa personne pour la cause de la raison et
de la justice. Ce serait donc rendre à la jeune génération un mauvais service que de la traiter, avant même qu'elle existe, comme
devant être faible et incapable ; ce serait lui faire injustice que de
commettre une lâcheté, dès qu'il faut agir en son nom. L'union
libre étant illégitime — officiellement — il est certain qu'à un qui-
conque il sera loisible de donner à nos enfants les appellations de
« bâtard » et « bâtarde » tant qu'il lui plaira. Le cas échéant, nous
voudrions que notre fils, dominant l'injure, toujours bienveillant
et tranquille, répondit avec un sourire doux et fier ; — « Libre à
vous de prononcer « bâtard » le mot que mon père et ma mère pro-
noncent : « enfant de l'amour ». N'importe ! Bâtard je suis, bâtard
incontestable, puisque je ne le suis point par accident, mais parce
qu'on l'a bien voulu, bâtard j'étais avant ma naissance. Des parents,
les miens, ont compris que ce nom cesserait d'être un opprobre dès
que d'honnêtes gens n'en auraient pas honte ; ils m'ont voulu bâtard
pour en diminuer le nombre. Donc gratifiez-moi à votre aise du
titre que j'ai encore l'honneur de porter, mais qui va s'éteignant. Je
suis un des derniers représentants de la race, illustre, certes, autant
que pas une. »

***

Nous sommes loin d'avoir voulu braver l'opinion publique, et
ce n'est pas à la légère que nous renonçons à la considération que
donne le mariage légal, et, s'il faut l'avouer, nous désapprouvons
tout éclat inutile, nous redoutons la publicité malsaine. Mais hautement nous nous déclarons responsables de notre acte dans toute

Élie Reclus

sa portée, et nous le défendrons volontiers auprès de qui voudra le discuter avec une sincérité égale à la nôtre. Maris, nous comptons qu'on n'aura jamais à nous confondre avec de vulgaires séducteurs, et si nous agissions comme eux, nous n'aurions pas même leurs mauvaises excuses à faire valoir. Femmes, nous espérons ne pas tromper la confiance qu'on a mise en nous. Et si nous venions à être trompées, on n'aurait pas à nous plaindre, car nous agissons de notre plein gré, en entière connaissance de cause ; nous déclarons faire résolument et de propos délibéré ce que tant de filles séduites, nos sœurs malheureuses, n'ont fait que par faiblesse, par légèreté ou par ignorance.

Dédaignant les fictions convenues, nous entrons dans la pleine et sincère réalité des choses. La réforme du mariage civil, nous la croyons appelée par le progrès des idées et des mœurs ; pour peu qu'elle se généralise, on ne manquera pas de dire qu'elle était si bien dans le mouvement qu'on ne pouvait l'éviter ; et l'on s'étonnera qu'elle n'ait pas été tentée bien plus tôt. Encore faut-il commencer, et que se présentent les volontaires de l'Idée.

Élie Reclus.

ISBN : 978-1530504602